Maria Egger

AF282378

MONTESSORI HATTE RECHT

Maria Egger

MONTESSORI HATTE RECHT

IIMPRESSUM
Bibliografische Information der Deutschen Bibliothek
Die Deutsche Bibliothek verzeichnet diese Publikation in der Deutschen Nationalbibliografie;
detaillierte bibliografische Daten sind im Internet über http://dnb.ddb.de abrufbar

© 2004 Maria Egger
Herstellung und Verlag: Books on Demand GmbH, Norderstedt
Umschlagfoto: Maria Egger
Alle Rechte vorbehalten.
Nachdruck – auch auszugsweise- nur mit Genehmigung der Autorin.
Printed in Germany
ISBN 3-8334-1492-8

Inhalt

VORWORT

Vor ca. 15 Jahren, als ich auf der Suche nach alternativen pädagogischen Ideen war, musste ich Bücher von Maria Montessori noch mühsam aus den diversen Literaturangaben heraussuchen, extra in der Buchhandlung bestellen und hoffen, dass sie auch erhältlich sein würden. Das einzige Buch, das lagernd war, war „Kinder sind anders", das ich auch heute noch sehr schätze. Informationen über Montessorimaterial oder Kurse wurden von „Insider zu Insider" weitergegeben.

In den darauffolgenden Jahren änderte sich das schlagartig. Die Pädagogik Maria Montessoris wurde rasch populär, es wurde richtig „in", nach Montessori zu arbeiten. Es entstanden österreichweit etliche Schulprojekte, die die Gedanken Maria Montessoris als Grundlage für ihre Arbeit sahen. In den Buchhandlungen gab es auf einmal eine ganze Reihe von Büchern von und über Montessori, so dass die Auswahl richtig schwer fiel.

Eltern, Kindergärtnerinnen, Lehrerinnen wollten plötzlich eine Montessoriausbildung machen und nach dieser Methode arbeiten. Warum dieser plötzliche Aufschwung einer Idee, die schon einmal weltweit Anerkennung gefunden hatte? (siehe Biographie)

Eine mögliche Antwort könnte sein, dass in den letzten Jahren offensichtlich eine Art Erziehungsvakuum entstanden ist, in dem viele Eltern sich ziellos, unsicher und ohne Orientierung bewegen. Die Kinder werden, wenn man diversen Medienberichten glauben kann, immer unkonzentrierter, aggressiver, Verhaltensauffälligkeiten nehmen zu.

Maria Montessori verspricht in ihren Schriften eine „Normalisierung" des Kindes durch ihre Pädagogik, das heißt die Kinder lernen wieder, sich auf eine Sache zu konzentrieren, sie sind weniger aggressiv, zappelig oder desinteressiert. Das klingt ja wirklich wunderbar, aber leider genügt es nicht, das Kinderzimmer, den Kindergarten oder die Klasse mit Montessorimaterial auszustatten und die lieben Kleinen sind von einem Tag auf den anderen wie ausgewechselt.

Montessoripädagogik fundiert auf einer gänzlich anderen Sichtweise. Sie zeigt nicht, wie Erwachsene einem Kind möglichst schnell gewisse Fertigkeiten und Fähigkeiten beibringen können (von gutem Benehmen bis zu Lerninhalten). Ihre Pädagogik ist eine Pädagogik des Kindes, das ist für mich auch immer der interessante Unterschied zu anderen Reformpädagogen gewesen.

Ihre Pädagogik geht vom Kind aus, von seinen jeweiligen Bedürfnissen, und die sind bei jedem Kind und in jedem Lebensalter anders. Weil zum Beispiel Julia mit drei Jahren gerne Fenster putzt, muss Anna das nicht auch mögen! Montessori ist überzeugt, dass jedes Kind vom ersten Tag seines Lebens an eine eigene Persönlichkeit ist und einen eigenen, persönlichen „inneren Bauplan" mitbringt, dem es in seiner Entwicklung folgt. Und die Rolle des Erwachsenen ist jetzt nicht die des „Großen", der alles besser weiß, sondern es ist eine abwartende, geduldige, staunende. Er muss die Bedürfnisse des Kindes erkennen und sich darauf einstellen.

Von dieser abwartenden Rolle des Erwachsenen, von dieser anderen Sichtweise des Kindes, von seinen Bedürfnissen werden Sie in den folgenden Kapiteln lesen.

Ein wichtiger Aspekt bei alldem kommt aus den neuesten Erkenntnissen der Hirnforschung. Maria Montessori war eine geniale Frau, sie hat vieles durch Beobachtung erfahren, sie hat vieles intuitiv erkannt. Sie war zum Beispiel schon überzeugt davon, dass Babys im Mutterleib hören können – zu ihrer Zeit eine schier unglaubliche Theorie, hielt man doch damals nicht nur Ungeborene, sondern auch noch Säuglinge für gefühllose Wesen, die keine Empfindungen haben.

So begann auch ihre pädagogische Arbeit durch praktische Beobachtung von Kindern. Sie besuchte am Beginn ihrer Arbeit als Ärztin ein Heim für – wie man damals sagte - „schwachsinnige" Kinder. Diese Kinder hatten absolut keine Beschäftigung, kein Spielzeug, keine Abwechslung. Sie nahmen das einzige, das sie hatten, zum Spielen: Sie machten aus Brot kleine Klümpchen und benutzten diese als Murmeln. Die zuständigen Betreuerinnen werteten das als Beweis für die Dummheit der Kinder: Anstatt sich satt zu essen, spielten sie! Maria Montessori erkannte jedoch, dass diese Kinder eine Beschäftigung brauchten. So begann ihre Arbeit mit Kindern!

Heutzutage ist ihre Annahme, dass Babys im Mutterleib hören, natürlich durch moderne Untersuchungsmethoden beweisbar. Ebenso sind viele ihrer Forderungen bzw. Annahmen, die sie im Umgang mit Kindern stellte, heute aus neurobiologischer Sicht zu untermauern bzw. zu bestätigen.

Die Gehirnforschung ist erst in den letzten 15 – 25 Jahren so richtig in Schwung gekommen, vieles ist schon klarer, aber viel mehr ist immer noch geheimnisvoll und unbekannt, was unser Denken und Fühlen und auch das Lernen betrifft. Vor allem in der Entwicklung von Babys und Kleinkindern gibt es aber Erkenntnisse, die sich mit den pädagogischen Ideen von Maria Montessori decken und denen man bei der Erziehung seiner Kinder Beachtung schenken sollte!

Dieses Buch kann kein wissenschaftliches Werk über die komplexe Neurobiologie sein! Wer diesbezüglich Näheres erfahren möchte, findet im Literaturverzeichnis

sehr interessante Bücher, die mir auch als Grundlage gedient haben. Meine Absicht ist es, Eltern verständlich zu machen, warum Kinder bestimmte Dinge tun wollen und tun müssen – ganz im Sinne einer gesunden, bestmöglichen Entwicklung!

Zu den Zitaten:
Im Folgenden werden die Bücher, aus denen die Zitate stammen, in Kurztiteln hinter dem Zitat angegeben, den vollständigen Titel finden Sie im Literaturverzeichnis.

Jedes Kapitel diese Buches ist in Teil A, B, C gegliedert. Teil A beinhaltet die Aspekte der Montessoripädagogik zum jeweiligen Thema, Teil B beschäftigt sich mit den dazugehörigen neurobiologischen Grundlagen. Teil C ist der Praxisteil, in dem erläutert wird, wie man die theoretischen Kenntnisse im Alltag umsetzen kann – und darauf kommt es im Zusammenleben mit Kindern letztendlich ja an!

I. KAPITEL

BEWEGUNG – DIE GRUNDLAGE EINER GESUNDEN ENTWICKLUNG

Teil A : Bewegung in der Montessoripädagogik

Eine wichtige Forderung in der Montessoripädagogik ist BEWEGUNG. Bei allen Montessorimaterialien ist Bewegung sozusagen inkludiert. Das beginnt damit, dass die Kinder das Material, mit dem sie arbeiten möchten, selbst aus dem Regal holen müssen, sie müssen es dann zu dem Tisch oder Platz am Boden tragen, wo sie damit arbeiten möchten, nach der Arbeit müssen sie es wieder zurücktragen. Auch bei der Arbeit selbst wird nicht nur still beim Tisch gesessen und geschrieben und zugehört – nein, auch hier bewegen sich die Kinder. Erstens dürfen sie zum Beispiel aufstehen und um den Tisch herumgehen, außerdem benützen sie nicht nur ihre Schreibhand, sondern bei vielen Materialien beide Hände. Und wenn sie am Boden sitzen, ändern sie so wie so sehr häufig ihre Position.

Montessori spricht sogar vom „Gedächtnis der Bewegung":

„Besonders auffallend ist beim kleinen Kind das Gedächtnis der Bewegung. Wie oft, wenn der Erwachsene dem Kind etwas sagt, versteht es die Worte nicht, aber es behält die Bewegung und dadurch merkt es sich, was man will. Wie oft verbindet ein Kind mit einem Wort eine bestimmte Bewegung, die vom Erwachsenen ausgeführt wurde, als es das erstemal dieses Wort hörte; und wie unverständlich ist es dem Erwachsenen, wenn das kleine Kind später bei diesem Wort Bewegungen ausführt, die gar nicht mehr dazu passen. Statt dass man ihm hilft und dieses starke Gedächtnis der Bewegung dem Kind als Führer gibt, lächelt man über die unverständlichen Merkwürdigkeiten und verwirrt dieses aufmerksame kleine Wesen, das so voller Ernst das Richtige tun wollte und so stolz auf seine kleinen Kenntnisse war."

(Grundlagen meiner Pädagogik)

Äußerst interessant ist auch die Tatsache, dass Babys schon im Mutterleib, und zwar ab dem siebenten Monat, auf jedes Phonem (das ist die kleinste Lauteinheit, aus der ein Wort gebildet wird und die zu einem Bedeutungsunterschied führt) mit einer ganz bestimmten Muskelbewegung reagieren! Das heißt, schon im Vorfeld des Sprechen – und Sprachenlernens spielen Bewegungen eine Rolle! (Mehr dazu bei Joseph Chilton Pearce: „Der nächste Schritt der Menschheit" und bei Tomatis).

Auch dass Kinder sich immer bewegen müssen, ist keine geschickt ausgedachte Strategie, um Mütter oder Väter auf die Palme zu bringen, sondern hat für Montessori einen Sinn:
„Von gleich großer Bedeutung für die Entwicklung des Kindes ist seine *eigene spontane Bewegung*. Das Kind muss sich immer bewegen, es kann nur aufpassen oder denken, wenn es sich bewegt." (Grundlagen meiner Pädagogik)

Wie sieht die Welt unserer Kinder wirklich aus?
Montessori war also schon sicher, dass Bewegung mehr ist als eine bloße Tätigkeit von Armen und Beinen. Schon die alten Griechen und Römer waren sich bewusst, dass Sport neben der körperlichen auch der seelischen Ertüchtigung diene. Der Lauf-, Walking- und Bikingboom unserer Zeit zeigt auch, dass für Erwachsene Sport und Bewegung immer mehr zum Leben gehören. In manchen Kreisen ist es fast schon ein Muss, regelmäßig laufen zu gehen. Geschäftspartner treffen sich zum Businessmarathon wie früher zum Essen im Nobellokal. Sportgeschäfte, die vor 10 Jahren noch ihr Hauptgeschäft am Beginn der Wintersaison mit dem Verkauf von Wintersportartikeln machten, werden jetzt zu gut besuchten „Sport – und Fitnesshäusern" und verdienen das ganze Jahr über am neuen Gesundheitsbewusstsein ihrer Kunden. Eine eigene Textilindustrie mit speziell entwickelten, schnell trocknenden Stoffen für den Lauf - und Radsport ist entstanden. Wer erfolgreich, dynamisch und gesund sein und vor allem auf andere so wirken möchte, muss diesen Trend mitmachen. Schließlich fühlt man sich wirklich besser und ist gesünder, wenn man sich regelmäßig bewegt. Die Welt unserer Kinder hingegen schaut in Punkto Bewegung trotz des Fitnessbooms immer trister aus! Kinder wachsen nur zu oft in engen Stadtwohnungen auf, in denen jeder Bewegungsdrang schon aus Angst vor Ärger mit den Nachbarn im Keim erstickt werden muss. Wenn das Kind Glück hat, kann es eine begrenzte und meist von der Betreuungsperson bestimmte Zeit im Freien verbringen. Oft handelt es sich dabei um Kinderspielplätze im Hof der eigenen Wohnsiedlung oder in einem nahegelegenen Park, sofern vorhanden. Diese Spielplätze sind ein eigenes Kapitel. In den Siedlungen ist lautes Schreien und Toben – mitten zwischen den Häusern – oft

nicht möglich. Kinderlärm ist für viele Menschen anscheinend weit schlimmer als Verkehrslärm. Wieso gäbe es sonst zum Beispiel Anrainerproteste gegen einen Skaterplatz mitten in einem sehr verkehrsreichen Stadtteil?

Und selbst wenn Toben und Lachen und Schreien nicht stören, so sind die Plätze in Siedlungen meist äußerst lieblos und ohne Phantasie gestaltet. Wenn die einzige winzige Sandkiste nicht auch noch als Hundeklo benützt wird, so ist sie oft genug mit altem, völlig hartem und damit unbrauchbar gewordenem Sand gefüllt. Daneben steht ein Null – Acht – Fünfzehn Klettergerüst mit Schaukel und manchmal Rutsche, das war's meistens. Wenn man Glück hat, ist wenigstens die Schaukel in Ordnung und das Klettergerüst fest im Boden verankert. Für ganz junge Kinder mag das als erste Bewegungserfahrung genügen, nach dem Motto „besser als gar nichts". Aber für ältere, so ab 3 oder 4 Jahren, ist das zu eintönig! Es gibt nichts zum Balancieren, nichts zum Turnen, keine Seile zum Klettern oder Schwingen, keinen Kletterbaum (für ältere Kinder ist das Klettergerüst keine wirkliche Herausforderung mehr), nichts, wo im Sommer mit Wasser gespielt werden könnte, nichts zum Durchkriechen und Drübersteigen, keine kleinen Hügel, wo erste Schi – und Rodelversuche gemacht werden können.

In Parkanlagen haben sich die Spielplätze in den letzten Jahren zumindest hier in Österreich meist deutlich verbessert. Die Geräte sind phantasievoller geworden, vielfältiger, lassen mehr verschiedene Bewegungsarten zu. Das Gelände wird immer öfter durch künstlich angelegte Hügel bereichert, die auch den Stadtkindern die Erfahrung des Bergauf – und Bergabgehens ermöglichen. (Ist Ihnen schon aufgefallen, dass wir in den meisten Städten großteils in der Ebene unterwegs sind?) Für die Bildung von Muskeln und Sehnen, aber vor allem für ein gesundes Körper – und Gleichgewichtsgefühl ist das Bergauf – und Bergabgehen sehr wichtig! Eine Stiege im Hügel kann dafür sorgen, dass auch Kinder, die immer nur den Lift zur Wohnung nehmen, das Stiegensteigen erlernen. Aus meiner Arbeit weiß ich, dass es tatsächlich Kinder gibt, die mit 4 oder 5 Jahren noch nicht Stiegen steigen können und das zum Beispiel bei einer Tagesmutter oder im Kindergarten erst mühsam lernen müssen! Aber nicht nur mangelnde Gelegenheit hindert an Bewegung, oft ist es auch die Einstellung der Erwachsenen. Wenn Kinder sich nicht über die Rutsche rutschen trauen, weil dabei die Finger schmutzig werden, wenn ein Mädchen nach dem Spielen im Schnee weint, weil die Hose schmutzig ist (die Hosenbeine waren von Schnee verklebt), wenn Kinder beim Sandspielen nur äußerst vorsichtig von außen in die Sandkiste greifen und gar nicht richtig zum Spielen kommen, damit nur ja kein Körnchen Sand auf die Hose oder den Pulli kommen, dann stimmt irgendetwas nicht!

Nicht nur die Geräte und die Umgebung müssen Bewegung ermöglichen, sondern auch die Einstellung der Erwachsenen und die richtige Kleidung! Teure Kleidung für Kinder ist absolut unnötig, automatisch fängt man an, das Kind zum Aufpassen anzuhalten, wenn der Schianzug für den kleinen Knirps € 90.- oder mehr gekostet hat. Es gibt inzwischen wohl schon in allen Städten Second – Hand – Geschäfte, Tauschbörsen oder Flohmärkte, wo sehr gut erhaltene, günstige Kleidung angeboten wird. Kinder wachsen so schnell aus ihrer Kleidung heraus, dass fast alles von mehreren Kinder getragen werden kann!

Außerdem, so ganz nebenbei, gewöhnen Kinder sich daran, nicht immer die neueste, teuerste Mode zu haben, was sich vielleicht irgendwann bezahlt macht, wenn man nicht immer Markenartikel kaufen muss. Gefallen sollte es trotzdem, aber, wie gesagt, die Auswahl für gebrauchte Kleidung ist schon so groß, dass auch das kein Problem darstellen dürfte!

Ein weiteres Hindernis für Bewegung ist der fehlende Platz in Siedlungen und generell in der Stadt. Für kleinere Kinder reicht es meist noch zum Rennen und Toben, aber schon ab dem Schulalter ist oft zu wenig Platz für diese Aktivitäten da. Spätestens in diesem Alter wollen Kinder Fußball spielen, skaten, Abfangen und Verstecken spielen oder Rad fahren und brauchen dafür Platz.

Von Bewegungsmöglichkeiten für ältere Kinder und Jugendliche möchte ich hier gar nicht sprechen, sie sind so gut wie nicht vorhanden und somit ist dieses Thema ein einziges Trauerspiel! Es ist höchste Zeit, endlich auch für diese Altersgruppe Platz zur Verfügung zu stellen!

Jugendliche, die keine Möglichkeit zur Bewegung haben, können einerseits aggressiv und verhaltensauffällig werden, verfallen aber andererseits sehr schnell in eine bequeme Lethargie, aus der sie nur mühsam wieder herauszuholen sind.

Es ist wohl auch Aufgabe der Eltern, für genügend körperlichen Ausgleich bei ihren Kindern zu sorgen. Aber nicht durch Druck oder Zwang, sondern es soll in erster Linie Spaß machen, zum Beispiel beim gemeinsamen Wandertag, einem Schiausflug oder einer Radtour.

Kinder bis 10 braucht man im allgemeinen nicht zur Bewegung zu motivieren, wenn man dieses natürliche Bedürfnis nicht schon früher radikal unterdrückt hat. Nach der Volksschule wird die tägliche Schulzeit immer länger, die Aufgaben werden immer umfangreicher, es muss immer mehr zusätzlich gelernt werden. Oft ist es dann die Bewegung, die auf der Strecke bleibt. Statt nach den anstrengenden Aufgaben noch hinauszugehen, knotzeln sich viele lieber gemütlich vor den Fernseher oder spielen am Computer. Hier muss man immer wieder, Tag für Tag, für einen körperlichen Ausgleich sorgen. Montessori meint, dass jeder Mensch ein gewisses Maß an Muskeltätigkeit braucht, um gesund zu bleiben. Werden diese Muskeln weniger benützt, so vermindert sich auch die individuelle Energie.

„Bleiben in unserem Körper solche Muskeln unbenützt, die normalerweise in Funktion sein sollten, so bewirkt dies nicht nur eine körperliche, sondern auch eine moralische Niedergeschlagenheit." (Kinder sind anders; siehe auch das gesamte Kapitel „Bewegung und Gesamtentwicklung" in „Das kreative Kind").

Dieser Satz gilt natürlich für alle Alterstufen, auch für Erwachsene!

Übrigens: Die wenigen Turnstunden, die laut Lehrplan den Kindern Bewegung ermöglichen, sind ein Tropfen auf den heißen Stein! Um einen günstigen Effekt auf die Muskulatur und auf den ganzen jungen Menschen auszuüben, müsste täglich mindestens eine Bewegungsstunde am Programm stehen! Bei einer Doppelstunde Schulsport in der Woche stellt sich die Frage, was an den restlichen Tagen passiert. Und wenn eine Stunde ausfällt (Lehrer nicht da, Ferien, Krankheit des Schülers)? Darauf kann man also wirklich nicht bauen! Außerdem kann und soll man als Eltern nicht alles an die Schule abgeben. Ein Großteil der erzieherischen Verantwortung sollte immer noch im Elternhaus bleiben, und Bewegung gehört hier wohl dazu.

Bewegung macht schlau!

Nun zurück zu Maria Montessori. Sie kritisiert, dass die Erwachsenen ein Kind vor allem dann an der Ausübung seines eigenen Willens hindern, wenn sich dieser in Bewegung auszudrücken versucht. Leider stimmt diese Kritik heute noch viel mehr als vor 70 oder 80 Jahren! Doch Bewegung ist, wie wir noch sehen werden, untrennbar mit einer gesunden Entwicklung verbunden.

„Erst der von der Seele beherrschte Bewegungsapparat stellt das Werkzeug dar, mit dessen Hilfe der Mensch auf eine äußere Umwelt einzuwirken, seine Persönlichkeit auszudrücken und seine Mission zu erfüllen vermag. Die Bewegung ist nicht nur Ausdruck des Ichs, sondern ein unerlässlicher Faktor für den Aufbau des Bewusstseins; bildet sie doch das einzige greifbare Mittel zur Herstellung klar bestimmter Beziehungen zwischen Ich und äußerer Realität. Die Bewegung ist somit ein wesentlicher Faktor beim Aufbau der Intelligenz, die zu ihrer Nahrung und Erhaltung der Eindrücke aus der Umwelt bedarf." (Kinder sind anders)

Weiters ist Bewegung die Voraussetzung für das abstrakte Denken, weil „sogar die abstrakten Vorstellungen aus den Kontakten mit der Wirklichkeit reifen, und die Wirklichkeit kann nur durch Bewegung aufgenommen werden" (Kinder sind anders)

Zu ihrer Zeit war Montessori eine absolute Vordenkerin, wenn sie so viel Wert auf Bewegung legte.

„Aber die geistige Entwicklung *muß* mit der Bewegung verbunden sein und von ihr abhängen. Diese neue Idee muß in die Erziehungstheorie und – praxis Eingang finden. Bis heute hat der Großteil der Erziehung die Bewegung und die Muskeln als eine Unterstützung der Atmung, der Blutzirkulation oder auch als Kraftübung betrachtet. Unsere neue Auffassung hingegen vertritt die Ansicht, daß die Bewegung als Hilfe für die geistig Entwicklung wichtig ist…. Die geistige Entwicklung kann und muß durch die Bewegung unterstützt werden. Ohne sie gibt es in bezug auf den Geist weder Fortschritt noch Gesundheit." (Das kreative Kind)

Leider ist dieses Wissen noch nicht sehr weit in unsere Schulen vorgedrungen, Stillsitzen überwiegt immer noch den Schulalltag vieler Kinder, an den Nachmittagen tragen dann die Hausübungen das Ihre bei!

„…vor allem wurde die Bewegung des Kindes auf dem Gebiet der Erziehung betrüblicherweise vernachlässigt und alle Bedeutung dem intellektuellen Lernen beigemessen. Nur der Turnunterricht befaßte sich mit der Bewegung, ohne sie aber in Verbindung mit der Intelligenz zu sehen." (Das kreative Kind)

Montessori kannte zwar noch nicht die genauen Zusammenhänge zwischen Bewegung und Gehirnentwicklung, aber sie erkannte diese Tatsache durch Beobachtung.

„Die Beobachtung der Natur liefert den Beweis für das, was ich gesagt habe. Die Genauigkeit dieser Beobachtung ist durch ein aufmerksames Verfolgen der kindlichen Entwicklung gewährleistet. Betrachtet man aufmerksam ein Kind, ergibt sich evident, daß sich sein Verstand mit Hilfe der Bewegung entwickelt." (Das kreative Kind)

Als Ärztin erkannte Montessori auch schon die Bedeutung der Bewegung als Teil einer gesunden Entwicklung. Die Bewegung ist „ein Teil des Nervensystems und darf nicht vernachlässigt werden". (Das kreative Kind)

Sie vergleicht die Funktion des Nervensystems mit dem von anderen Organen wie Lunge, Magen oder Herz. Damit wir gesund sind, müssen alle Organe richtig funktionieren und man kann nicht eines getrennt vom anderen sehen. Das gilt auch für das Nervensystem. Die Muskeln unseres Bewegungsapparates sind über die Nervenzellen direkt mit der „Schaltzentrale" im Gehirn verbunden.

„Die Bewegung ist das Endziel des Nervensystems. Ohne Bewegung könnte nicht von einem Individuum gesprochen werden (auch ein großer Philosoph betätigt beim Schreiben und Sprechen seine Muskeln; würde er seinen Meditationen keinen Ausdruck verleihen, welchen Zweck hätten sie dann? Ohne Muskeln wäre daher eine Äußerung seiner Gedanken unmöglich, sei es geschrieben oder gesprochen).‟ (Das kreative Kind)

Eine weitere Pädagogin, die wie Montessori die Bedeutung der Bewegung erkannte, ist die ungarische Kinderärztin **Dr. Emmi Pikler** (Im Anhang finden Sie eine Biographie von ihr). Schon bei ihrer Facharztausbildung in Wien beobachtete sie, dass die Kinder, die sich frei und ungezwungen bewegen durften, seltener mit schweren Verletzungen (Gehirnerschütterung, Knochenbrüche) ins Krankenhaus kamen als die gut von Gouvernanten behüteten Kinder, die sich überall „gesittet‟ benehmen mussten.
Auch als selbständige Kinderärztin und später als Leiterin eines Säuglingsheimes, des „Lòczy‟ in Budapest, achtete sie immer darauf, dass schon die jüngsten Säuglinge freie Bewegungsmöglichkeiten hatten. Sie hatten ausreichend Platz zur Verfügung, und auch bei der Einrichtung gab es Anreiz zum Bewegen (Krabbelkisten, kleine Tunnel zum Durchkriechen, kleine Leiterchen). Nie wurde eines der von ihr betreuten Kinder in eine Position gebracht, die sie noch nicht von selbst einnehmen konnten. Sie wurden nicht hingesetzt, bevor sie selber sitzen konnten. Niemand hat sie an den Händen herumgeführt, bevor sie von sich aus gehen konnten. Dadurch konnten sich die Muskeln der Babys optimal entwickeln, ihr Gleichgewichtssinn konnte sich ausbilden.

Wie ähnlich ist auch hier die Meinung Maria Montessoris!
„Wir sind daher bemüht, den Bedürfnissen des Kindes in dieser Beziehung Rechnung zu tragen. Wir setzen es nicht in enge Stühlchen und Gitterställe, sondern geben ihm die Möglichkeit, seine kleinen Glieder wieder und wieder zu üben.‟ (Grundlagen meiner Pädagogik)

 Kinder, die so aufwachsen, haben ein gutes Körpergefühl, sie lernen zu fallen und verletzen sich dadurch seltener und weniger schwer.
Aber schon zu ihrer Zeit sah Montessori, dass die Bewegung bei Kindern zu kurz kommt:
„Der Weg der Erziehung muss dem Weg der Entwicklung folgen: laufen und immer

weiter vorausblicken, damit das Leben des Kindes immer reicher werde. Dieses Prinzip müsste vor allem in der heutigen Erziehung einbezogen werden, da die Menschen so wenig laufen, sondern sich von vielerlei Fahrzeugen transportieren lassen. Es ist nicht gut, das Leben in zwei Teile zu teilen, indem man die Glieder mit dem Sport und den Kopf mit dem Lesen eines Buches beschäftigt. Das Leben muss ein einziges sein, vor allem in den ersten Jahren, wenn das Kind sich selbst nach dem Plan und den Gesetzen seiner Entwicklung schaffen muss." (Das kreative Kind)

Wann genau diese Zeilen geschrieben wurden, kann ich nicht sagen, die Originalausgabe des Buches, aus dem diese Zeilen stammen, erschien jedenfalls 1952! Was Montessori wohl heute sagen würde, in einer Zeit, in der uns das Auto völlig beherrscht und Bewegung noch mehr an den Rand gedrängt ist?

Besseres Körpergefühl, sicherere Bewegungen, besseres Gleichgewichtsgefühl, bessere Koordination – das ist nur die eine Seite der freien Bewegung. Die andere führt uns direkt zur Entwicklung des menschlichen Gehirns.

TEIL B: Neurobiologische Grundlagen

Vereinfacht gesagt besteht unser Gehirn aus sehr, sehr vielen Nervenzellen, die miteinander verbunden sind. Kommt ein Baby auf die Welt, so sind alle Nervenzellen im Gehirn bereits vorhanden, auch wenn das Kind wächst, kommen keine weiteren mehr dazu. Aber: diese Nervenzellen an sich nützen uns leider vorerst gar nicht viel. Alles was wir können – gehen, sprechen, gezielt greifen, Rechnungen lösen (das heißt abstrakt denken), Auto fahren, einen Computer programmieren usw. – all das können wir erst, wenn sich unsere Nervenzellen miteinander vernetzt haben. Und wir können es umso besser, je mehr Verbindungsstellen es gibt, je dichter das Netz ist. Das ist so ähnlich wie bei einer Webarbeit. Sie kennen vielleicht die kleinen Webrahmen, die man in Kindergarten und Schule verwendet. Zuerst muss man die Längsfäden (Kettfäden) um den Rahmen spannen, die für sich allein noch keinen Teppich ergeben. Erst wenn man dann die Quer (Schuss-)- Fäden einwebt, entsteht ein Teppich, den ihr Kind fürs Puppenhaus verwenden kann. Und je fleißiger man ist und je mehr Schussfäden man einarbeitet, umso dichter wird der Teppich.

In unserem Gehirn wären die schon vorhandenen Nervenzellen die Kettfäden, die Verbindungen zwischen ihnen die Schussfäden. Wie entstehen nun aber diese „Schussfäden"?

Das ist das Faszinierendste, das man in den letzten Jahren und Jahrzehnten wissenschaftlich bewiesen hat: Die Verbindungen im Gehirn, die letztendlich über unsere Intelligenz und Geschicklichkeit entscheiden, entstehen durch Bewegung! Jedes Mal, wenn das Baby so strampeln darf, wie es möchte, wenn es durchs Zimmer krabbelt, nach dem Ball greift, die ersten Gehversuche macht – jedes Mal entstehen im Gehirn Verbindungen zwischen den einzelnen Nervenzellen.

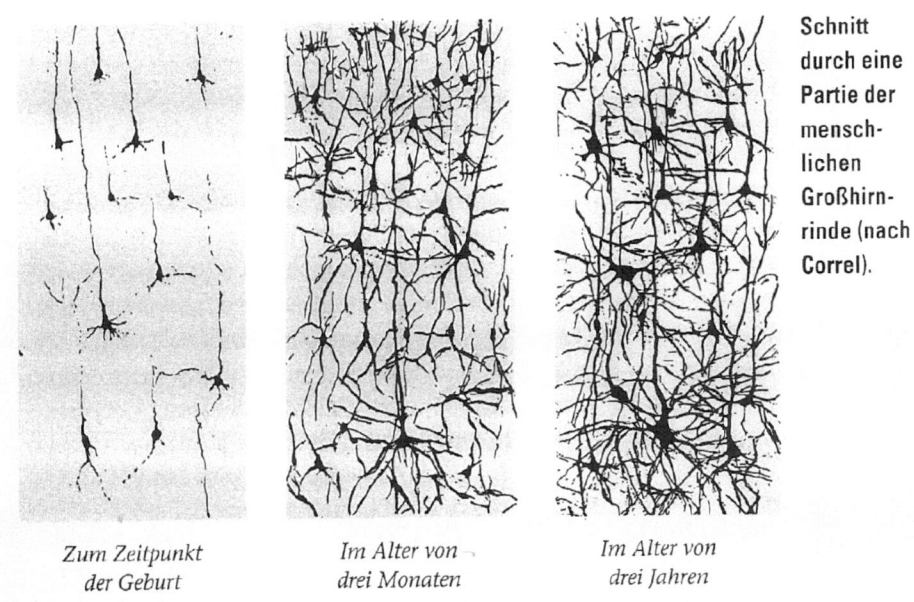

Schnitt durch eine Partie der menschlichen Großhirnrinde (nach Correl).

Zum Zeitpunkt der Geburt   *Im Alter von drei Monaten*   *Im Alter von drei Jahren*

Entnommen aus Kroneberg/Förder, Kinesiologie für Kinder

In den ersten drei Monaten unseres Lebens ist der Fortschritt am besten zu sehen: ein Großteil der Verbindungen entsteht in diesem Alter, es ist eine fast explosionsartige Zunahme der Verbindungen festzustellen. Es ist allerdings so, dass viel mehr Vernetzungen angelegt werden, als wir wirklich brauchen, die übrigen werden wieder abgebaut und gehen verloren. Bleiben dürfen solche Verbindungen, die sich durch steten Gebrauch zu dichten Mustern (oder „Webteppichen", um bei unserem vorigen Beispiel zu bleiben) ausgebildet haben. Bei der rechten Abbildung kann man deutlich die Ausbildung solcher Muster erkennen. Hat ein Kind nun keine Möglichkeit, Vernetzungen auszubauen und zu verstärken, so gehen diese verloren. Wir können allerdings ein Leben lang an unserem Gehirn arbeiten und durch Gehirntraining neue Vernetzungen schaffen – aber es ist mühsamer!

Welch ein Glück, dass man die Kinder heute nicht mehr in Wickelkissen schnürt, wie es zur Zeit von Frau Pikler noch üblich war! Damals wurden die Säuglinge aller Bewegungsmöglichkeiten beraubt. Emmi Pikler erkannte instinktiv, wie falsch das war und ließ ihren eigenen Kindern so viel Bewegungsfreiheit wie möglich. Auch die Eltern der von ihr als Kinderärztin betreuten Kinder machte sie auf die Bedeutung von freier Bewegung aufmerksam.

Werden Kinder an Bewegungen gehindert (durch fehlende Geräte, eine kinderfeindliche Umgebung oder auch nur unpassende Kleidung – lange Röckchen, mit denen man nicht klettern kann, zu lange Hosen, über die man stolpert), so können sich die Muskeln des Kindes nicht richtig entwickeln und dies wiederum kann später sogar zu Lernstörungen führen!

Unser Körper kann nicht in Einzelteile gegliedert werden. Er ist eine Ganzheit, und alles spielt zusammen. So kann zum Beispiel eine schlechte Haltung beim Schreiben zu Verspannungen in der Schultermuskulatur führen, diese wirken wiederum über die Halswirbelsäule bis zu den Augenmuskeln und können die Ursache für Sehfehler sein. Übergeht ein Kind die Krabbelphase, weil es immer an den Händen herumgeführt wird, obwohl es selbst noch nicht gehen kann, oder weil es in der Wohnung einfach zu viele Anreize zum frühzeitigen Aufstehen gibt, so dass es am Boden keine Ruhe mehr findet, vernetzen sich die Nervenzellen im Gehirn nur ungenügend: Wie bei einem Kind, das beim ersten Webversuch die Schussfäden mit großem Abstand einwebt – es entsteht zwar ein Teppich, aber er weist etliche Löcher auf und ist nicht sehr stabil.

Das kann in weiterer Folge zu verschieden gearteten Lernblockaden und Lernschwächen führen, weil sich Körper- und Augenbewegungen nicht ausreichend aufeinander abstimmen konnten. Als Konsequenz daraus entstehen vielleicht „nur" Probleme beim Unterscheiden von links und rechts oder in jenen Bereichen, in denen die Bewegung der Überkreuzbewegung des Krabbelns ähnelt, zum Beispiel beim Schwimmen. Auf den ersten Blick keine großen „Behinderungen" oder „Störungen", aber auch sie können durchaus belasten. Und vor allem weiß man oft keine Erklärung für diese Beeinträchtigungen, wenn das Kind dann zur Schule geht!

Die Entwicklung unseres Gehirns ist natürlich nicht mit drei Jahren abgeschlossen, sie dauert unser ganzes Leben lang an. Aus den einfachen, schon beim Säugling bestehenden Grundmustern werden im Laufe unseres Lebens immer detailreichere Netze, die sich immer weiter entwickeln, vorausgesetzt, wir trainieren unser Gehirn und lassen es nicht verrosten!

Immer wieder entstehen neue Vernetzungen und „Schaltkreise" zwischen den einzelnen Nervenbahnen. Bei Kindern sind die Auslöser für das Wachstum in erster Linie Bewegungen, später sind es Erfahrungen aller Art. Es ist also sicher richtig, sein Gehirn auch im weiteren Leben zu trainieren. Wenn Sie eine neue Sprache oder ein Instrument lernen, ein neues Hobby beginnen, ein Buch lesen, ein neues Musikstück hören, Rätsel lösen – immer muss sich ihr Gehirn anstrengen und neue Verbindungen schaffen. Das hält fit und jung und kann angeblich sogar einer Alzheimer – Erkrankung vorbeugen!

TEIL C: Für Sie als Eltern/Pädagogen bedeutet das

Unterstützen Sie die Intelligenzentwicklung Ihres Kindes, indem Sie ihm so viele verschiedene Bewegungsarten wie nur möglich bieten bzw. erlauben! Ihre Kinder müssen alles ausprobieren dürfen: laufen, kriechen, krabbeln, auf einem und auf zwei Beinen hüpfen – vorwärts, seitwärts und zurück, balancieren, schwingen, schaukeln, weitspringen, von irgendwo herunterspringen, Rad fahren, Stelzen gehen und so weiter!
Dazu braucht es viel Auslauf in der Natur. Wald, Wiesen, ein Bächlein zum Drüberspringen, ein Baumstamm zum Balancieren, eine Mauer zum Herunterspringen. Je vielfältiger die Umgebung, umso besser für Ihr Kind. Aber bitte nicht Buch führen: „Heute bist du noch nicht gesprungen, das machen wir jetzt aber gleich!" Ihr Kind weiß selbst am besten, wann es welche Bewegung braucht, bieten Sie ihm nur die entsprechenden Möglichkeiten!
Nachdem die Freiräume in der Natur immer spärlicher werden und immer schwerer für Eltern und Kinder erreichbar sind, muss man darauf achten, dass auch in der Wohnung Möglichkeiten zur Bewegung gegeben sind, wenn diese auch immer nur ein kleiner Ersatz für Bewegung draußen sein können!
Vor allem im Winter oder bei Regenwetter, denn die Entwicklung kann nicht ge-

stoppt oder „auf Eis gelegt" werden, bis es wieder schön ist. Prinzipiell bin ich zwar dafür, dass Kinder bei jedem Wetter so viel wie möglich draußen sind, Bewegung an der frischen Luft ist immer vorzuziehen, einzig und allein die Kleidung muss passen! Allerdings ist das heute immer seltener machbar. Nicht jeder hat einen Wald, einen Garten oder wenigstens einen Park vor der Haustür, wo man bei jedem Wetter kurz hinaus kann und ältere Kinder sich auch schon allein aufhalten können. Kleinere müssen auf jeden Fall von den Eltern begleitet werden, und für uns Erwachsene sind diese Ausgänge im Winter nicht immer lustig. Ich erinnere mich noch an unzählige im Freien verbrachte Stunden, als meine beiden Jungs fröhlich im Schnee herumtollten, im Herbst am Hosenboden im tiefen Laub einen Hang herunterrutschten, im Regen fröhlich alle Pfützen ausprobierten – und ich stand daneben und fror manchmal jämmerlich, weil man doch nicht mehr bei allen Aktivitäten mitmachen kann und will, wenn man ein gewisses Alter erreicht hat!

Dann ist es gut, wenn man nicht ausschließlich auf draußen angewiesen ist, was Bewegung betrifft. Ringe, ein Reck oder eine Schaukel kann man in jeder Wohnung recht einfach in einem Türstock montieren. Aus einem Hocker, Sessel, einer kleinen Stehleiter, einer umgedrehten Flaschenkiste kann man je nach Alter des Kindes einen „Bewegungsparcours" zusammenstellen. Plastikflaschen kann man zum Beispiel zu einem Slalom aufstellen, durch den bestimmte Dinge transportiert werden müssen, wobei es entweder auf die Geschwindigkeit ankommen kann (dann läuft man ohne Gegenstand in der Hand oder nimmt einen Ball, eine Puppe, ein Tuch), oder man kann Geschwindigkeit und Geschicklichkeit verbinden (dann kann man auf einem Esslöffel eine Kartoffel transportieren, oder einige Murmeln, einen Tischtennisball...). Man kann auch nach Art der Stilleübungen von Maria Montessori eine ruhige Bewegung daraus machen, so dass das Kind zu Ruhe und Konzentration kommt: eine brennende Kerze tragen, ohne dass sie verlöscht, ein Glas Wasser, ohne etwas auszuschütten, eine Glocke, ohne dass sie tönt...

Das „Himmel – Hölle"– Muster zum Hüpfen kann mit Stoffmalfarben auf ein altes Leintuch gemalt werden, das Leintuch selbst wird dann beim Hüpfen mit Klebestreifen (Malerkrepp) an den Ecken festgeklebt, damit es nicht rutscht.

Weiters kann man in der Wohnung auch Becherstelzen zu Verfügung stellen, bei kleineren Kindern können Autos und Dreiradler auch drinnen benützt werden. (Mein heute 16 – jähriger Sohn bewegt sich seit längerem am liebsten mit seinem Scooter durchs Haus, er trägt ihn auch in den ersten Stock und legt die wenigen Meter zwischen den Zimmern damit zurück!).

Auf einem am Boden liegenden Seil kann balanciert werden (Seile gibt es in den verschiedensten Stärken in Baumärkten), mit weichen Bällen kann auch im Zimmer Ball gespielt werden, ohne dass etwas passiert. Hier eigenen sich Luftballons mit einer speziellen Baumwollhülle (siehe Anhang/Kataloge), die das Platzen des Luftballons verhindern, die Leichtigkeit des Balles bleibt aber erhalten.

Für ältere Kinder bieten sich auch Jongliertücher, Jonglierbälle sowie die leichten Jonglierteller für Geschicklichkeitsübungen an. Jonglieren ist übrigens auch für uns Erwachsene eine wunderbare Möglichkeit, um unser Gehirn zu trainieren und zur Ruhe zu kommen.

Dies alles gilt natürlich auch für Kinderbetreuungseinrichtungen, auch hier sollte den Kindern viel Bewegung erlaubt werden, und zwar immer dann, wenn die Kinder es brauchen, und nicht nur zu fixen Zeiten.

Wer viel Geld ausgeben möchte bzw. eine große Familie plant, kann ein ganzes Klettergerüst fürs Zimmer kaufen (siehe Anhang/Kataloge). Wer einen Hochbau im Kinderzimmer hat, kann ein Seil zum Hinauf – und Hinunterklettern anbringen. Ein Brett mit aufgenagelten Quersprossen („Hühnerleiter") kann an einem Bett befestigt werden, so dass wieder eine neue Art des Hinaufkletterns möglich wird. Ein glattes Brett kann bei der Leiter des Hochbaus eingehängt werden und dient als Rutsche.

All das, was ich hier aufgezählt habe, soll als Anregung verstanden werden, um für sein Kind je nach Alter, Geschicklichkeit und Vorlieben eine geeignete Umgebung zu schaffen. Dazu muss man nicht besonders pädagogisch geschult sein und auch nicht viel Geld haben – man muss nur sein Kind beobachten und offen sein für seine Bedürfnisse. Das lässt sich auch durchaus lernen! Das Erkennen der Bedürfnisse steht im Vordergrund und die Bereitschaft, darauf einzugehen. Wie die einzelnen Dinge umgesetzt werden, ist nicht so sehr von Bedeutung – von improvisiert bis zu perfekt ist alles möglich, Hauptsache, es tut dem Kind gut.

„Das innerste Problem der neuen Pädagogik besteht darin, jedem Kind das zu geben, was seine *Gegenwart* jeweils verlangt." (Grundlagen meiner Pädagogik)

Also weg mit Dingen, die wir gekauft haben, weil sie das Kind vielleicht morgen oder übermorgen brauchen könnte, weg mit Dingen, von denen wir uns wünschen, dass sich das Kind damit beschäftigen soll! Das gegenwärtige Bedürfnis des Kindes ist es, was zählt!

Was Bewegung betrifft, habe ich eine besondere Bitte an alle Eltern von Schulkindern: Sobald ihr Kind in die Schule kommt, sollten Sie vermehrt auf ausgleichende Bewegung achten! Das Sitzen in der Schule ist für alle Kinder unnatürlich und wie ich schon eingangs erwähnt habe, reichen die wenigen Turnstunden nicht als Ausgleich aus! Mindestens eine Stunde sollte jeden Tag die Möglichkeit zum Laufen, Turnen, Klettern gegeben sein, auch für ältere Kinder. Schön wäre natürlich, wenn diese Stunden auf Kosten des Fernsehkonsums gehen würden, denn Fernsehen, auch Computer – und Gameboyspielen, ist nicht wirklich günstig für Kinder! Jede Verringerung dieser Tätigkeiten ist ein Gewinn für das Kind.

In einer Volksschule in der Nähe von Graz wurde vor kurzem ein Projekt durchgeführt, bei dem die Kinder wieder zum Spielen hingeführt wurden. Sie verzichteten bewusst eine Zeit lang auf passive Freizeitgestaltung wie Fernsehen, Computer und Gameboy und erfuhren, wie befriedigend und abwechslungsreich dagegen eine aktive Freizeitgestaltung mit Eis laufen, Rodeln, Lesen, mit gegenseitigen Besuchen, Gesellschaftsspielen, Bewegungsspielen sein kann; die Kinder erlebten, wie schön es ist, auch einmal zu trödeln und tagzuträumen. Einerseits finde ich die Idee wunderbar, es ist herrlich, dass es Lehrer gibt, die sich auch über die Nachmittage Gedanken machen. Andererseits zeigt dieses Beispiel, wie traurig es bereits um die Kindheit bestellt ist, wenn Kindern das Spielen, ihre natürlichste Beschäftigung, erst wieder von außen „beigebracht" werden muss.

Fazit: Fernsehen sollte durchaus auch im Grundschulalter eine Ausnahme bleiben, eben so wie Gameboy und Computer. (Auf die Gründe kann ich hier aus Platzgründen nicht näher eingehen, ich kann nur auf diverse Literatur verweisen, auch in Zeitschriften finden sich immer wieder Artikel zu diesem Thema). Nach der Schule hinaus aus der Wohnung, austoben, frische Luft schnappen, das wäre am gesündesten!

Falls die Hausübungen zu lang sind und Sie das Gefühl haben, dass Ihr Kind schon in der Volksschule stundenlang vor seinen Heften sitzt, dann würde ich unbedingt einmal mit der Lehrerin oder dem Lehrer reden. Aus eigener Erfahrung bei einer Lernbetreuung weiß ich, dass manche Kinder in der Volkschule mehr Hausübungen bekommen als meine Kinder in einer weiterführenden Schule hatten, und trotz Hilfe und flotten Arbeitens in zwei Stunden nicht fertig wurden! Das darf nicht sein! Defizite des Schulsystems (zu große Klassen, laufende Einsparungen im Beildungswesen usw.) dürfen nicht in Form von mehr Hausübungen auf dem Rücken der Kinder ausgetragen werden.

Aber nun zurück zu unserem eigentlichen Thema. Für alle Tätigkeiten, die das Kind selbst auswählt oder die Sie mit ihm gemeinsam machen, muss auch gelten, dass Sie ihm dafür Zeit lassen! Das gilt besonders fürs Spazieren gehen, Wandern, Rad fahren oder ähnliches. Für uns Erwachsene ist es klar, dass wir von A nach B wollen und unser Ziel auch in einer bestimmten Zeit erreichen möchten. Für Kinder ist das aber absurd. Sie wollen nicht zu einem bestimmten Ziel, sie wollen ihre Umgebung erforschen und bewegen sich dabei eben automatisch in ihrem Tempo. Das Erreichen des Ziels ist für sie völlig irrelevant.

„Aber das Kind möchte gar nicht bis dorthin, es möchte einfach laufen; und da seine Beine in keinem Verhältnis zu den unseren stehen, darf nicht das Kind uns, sondern wir müssen ihm folgen." (Das kreative Kind)

Hat man sich erst einmal mit dem Gedanken angefreundet, dass man mit einem kleinen Kind (oder durchaus auch mit Größeren) gerade einmal ein paar Schritte vom Ausgangspunkt weg kommt oder unter Umständen 100 m vor dem Ziel umdrehen muss, so ist das gar nicht mehr so tragisch. Es ist unsere Erwartungshaltung, die uns und den Kindern das Leben schwer macht. Ändern wir unsere Einstellung, indem wir wie das Kind einfach da sind und warten, was kommt, uns überraschen lassen, ohne Erwartung, ohne Ziel, dann werden Spaziergänge und Ausflüge für beide Teile zum Vergnügen. Wenn wir im allgemeinen bereit sind, uns auf die Kinder einzustellen, so werden wir dann, wenn uns einmal wirklich viel am Erreichen eines bestimmten Zieles liegt, erstaunt feststellen , wie kooperativ Kinder sein können.

Noch einmal kurz zusammengefasst:
–   Möglichst viele Bewegungsmöglichkeiten anbieten und zulassen
–   Auch im Winter und bei Schlechtwetter in der Wohnung für Bewegungs-
     möglichkeiten sorgen (aber wenn möglich immer im Freien)
–   Bei Schulkindern besonders auf regelmäßige ausgleichende Bewegung ach-
     ten!
–   In Tempo und Wahl der Bewegung dem Kind die Führung überlassen!

Abschließend möchte ich nicht unerwähnt lassen, dass Forschen, selber Tun, Experimentieren natürlich nicht nur für die Intelligenzentwicklung wichtig sind, sondern auch für das Selbstwertgefühl, das Selbstvertrauen, die ganze Haltung des Menschen dem Leben gegenüber: Kann ich etwas leisten und erreichen, kann ich es schaffen, kann ich mir etwas zutrauen, gibt es etwas, für das es sich zu leben lohnt, gibt es einen Sinn?

2. KAPITEL

WIEDERHOLUNG – IST ES NICHT FAD, IMMER DAS GLEICHE SPIEL ZU SPIELEN?

Teil A: „Wiederholung der Übungen"

Maria Montessori hat immer wieder beobachtet, dass Kinder die von ihnen selbst gewählte Tätigkeit oft wiederholt haben.

Bekannt ist die Geschichte des cirka dreijährigen Mädchens, das Maria Montessori dabei beobachtet hat, wie es ausdauernd mit den Einsatzzylindern arbeitete. Ohne sich stören zu lassen, machte das Mädchen 42 Wiederholungen, hielt plötzlich inne und beendete die Arbeit ohne ersichtlichen Grund.

„Die Fälle einer solchen beinahe bis zur völligen Abschließung von der Außenwelt gehenden Konzentration bildeten zwar nicht die Regel, doch bemerkte ich bald eine seltsame Verhaltensweise, die allen Kindern gemeinsam war und ungefähr gleichmäßig bei jeder Übung auftrat. Es handelte sich um jenen Wesenszug kindlicher Betätigung, den ich später „Wiederholung der Übungen" genannt habe." (Kinder sind anders)

Nicht immer ist es allerdings so, wie Maria Montessori sagt, und Kinder sind völlig versunken in eine Tätigkeit, wenn sie sich auf eine Sache konzentrieren. Es kommt durchaus nicht selten vor, dass ein Kind sehr konzentriert mit etwas spielt und dennoch seine Umgebung genau beobachtet. Oder kurz innehält, um zu schauen, was rundherum los ist, dann aber wieder mit seiner Beschäftigung fort fährt.

Was Montessori anfangs am meisten verwunderte, war die Tatsache, dass die Kinder die Tätigkeiten scheinbar ohne Zweck wiederholten. Sie wuschen sich die Hände, obwohl diese schon lange sauber waren oder putzten Metall, obwohl es schon glänzte. „ Ebenso unverständlich ist dem Erwachsenen, daß ein kleines Kind bei voller Handlungsfreiheit die kleinen Handlungen seines Lebens oft viele Male wiederholt. Es scheinen Handlungen ohne Zweck zu sein, denn der Erwachsene sieht nicht den

Zweck, wenn ein Kind sich zwanzigmal hintereinander die Hände wäscht oder immer wieder einen sauberen Tisch scheuert." (Grundlagen meiner Pädagogik)

Montessori erkannte bald, dass diese äußeren Wiederholungen etwas mit seiner inneren Entwicklung zu tun haben müssten.
„Wie ich bereits sagte, hat die Wiederholung der Übungen keinen äußeren Zweck und muß daher einen inneren Zweck verfolgen." (Das kreative Kind)

Die Arbeit des Kindes ist nicht mit der Arbeit des Erwachsenen zu vergleichen, sie ist nicht zielorientiert und auf einen bestimmten Zweck ausgerichtet. Das Kind hat „innere Nöte des Wachstums zu befriedigen.......Durch seine Aktivitäten entwickelt sich das Kind und wird erwachsen. Es muß unaufhörlich auf dieses Ziel hinarbeiten und kein Mensch kann ihm diese Arbeit, die für sein Wachstum erforderlich ist, ersparen oder verkürzen. Es wehrt sich sogar gegen den Erwachsenen, der ihm helfen und es führen will". (Grundlagen meiner Pädagogik)

Auch das Beenden einer Tätigkeit hat nichts mit dem uns Erwachsenen bekannten „fertig sein" oder mit Müdigkeit zu tun, sondern kommt aus einem inneren Impuls des Kindes.
„...wenn es (das Kind) bei der Wiederholung einer Übung seiner eigenen Tätigkeit ein Ende setzt, so hat das Ende nichts mit den äußeren Handlungen zu tun. Das Abbrechen der „Arbeit" steht als Individualreaktion in keiner Verbindung mit etwaiger Müdigkeit; denn es ist gerade eine Eigenheit des Kindes, dass es erfrischt und energiegefüllt von seiner Arbeit aufsteht". (Montessori – Pädagogik)

TEIL B : Warum ist Wiederholen wichtig fürs Gehirn?

Tatsächlich sind diese Wiederholungen keine „Laune" des Kindes, sondern absolut notwendig für die Entwicklung der Intelligenz.
Um das näher zu erklären, müssen wir uns ein bisschen genauer mit der Arbeitsweise unseres Gehirns beschäftigen. Wie schon gesagt, besteht unser Gehirn aus Nervenzellen, auch Neuronen genannt. Neuronen sind darauf spezialisiert, Botschaften in Form von elektrischen Impulsen durch den ganzen Körper zu senden. Diese Neuronen sind alle verschieden, können aber grob in drei Gruppen unterteilt werden:

- Die <u>sensorischen Neuronen</u> senden Informationen von den Sinnesorganen (Augen, Ohren, Haut, Zunge, Nase) zum Zentralnervensystem.
- Die <u>intermediären Neuronen</u> sind quasi die Verbindung zwischen den einzelnen Netzwerken im Gehirn und machen einen Großteil der Neuronen im ganzen Zentralnervensystem aus. Sie sammeln alle Informationen, verarbeiten sie und veranlassen dann den Körper zu reagieren, und zwar mit Hilfe der
- <u>Motorischen Neuronen</u>. Diese übermitteln die Botschaften des Zentralnervensystems an die verschiedenen Muskeln und Drüsen und aktivieren so deren Funktion. Bei jeder Tätigkeit – egal, ob Sie einen Ball fangen, Fenster putzen, das ABC schreiben, Klavier spielen, sich am Rücken kratzen – müssen motorische Neuronen aktiviert werden.

Wenn Sie dann eine grobmotorische Tätigkeit ausführen – zum Beispiel einen Ball werfen – so kann ein einziges motorisches Neuron 150 bis 2000 Muskelfasern zur Kontraktion und damit in Bewegung bringen. Je präziser die Bewegung ist, umso weniger Muskelfasern werden durch ein einziges Neuron angeregt (beim Einfädeln einer Nadel regt ein Neuron weniger als 10 Muskelfasern an). Dadurch wird die Kontrolle einzelner Muskeln besser, was einer besseren Qualität der Tätigkeit gleichkommt, zum Beispiel beim Spielen eines Instruments.

Also nochmals kurz zusammengefasst:

Die <u>sensorischen Neuronen</u> nehmen den Reiz auf, zum Beispiel „Die Nase juckt." Sie senden diese Information ans Zentralnervensystem, dort wird sie von den <u>intermediären Neuronen</u> verarbeitet. Die Botschaft wird von dort an die <u>motorischen Neuronen</u> weitergegeben, diese aktivieren die Muskeln der Hand, wir können uns an der juckenden Stelle kratzen.
Die Übertragung erfolgt mit Hilfe von Axonen. Das Axon ist eine lange, dünne Faser, die Informationen vom Zellkörper an ein anderes Neuron, einen Muskel oder auch eine Drüse weitergibt.

Werden nun dieselben Neuronen immer und immer wieder benützt, zum Beispiel wenn das Kind immer und überall versucht, aufzustehen, so wird das Axon mit einer vielschichtigen, weißen Segmentschicht aus Phospholipid, die Myelin genannt wird, überzogen. Durch diese Myelinschicht wird die Geschwindigkeit der Informa-

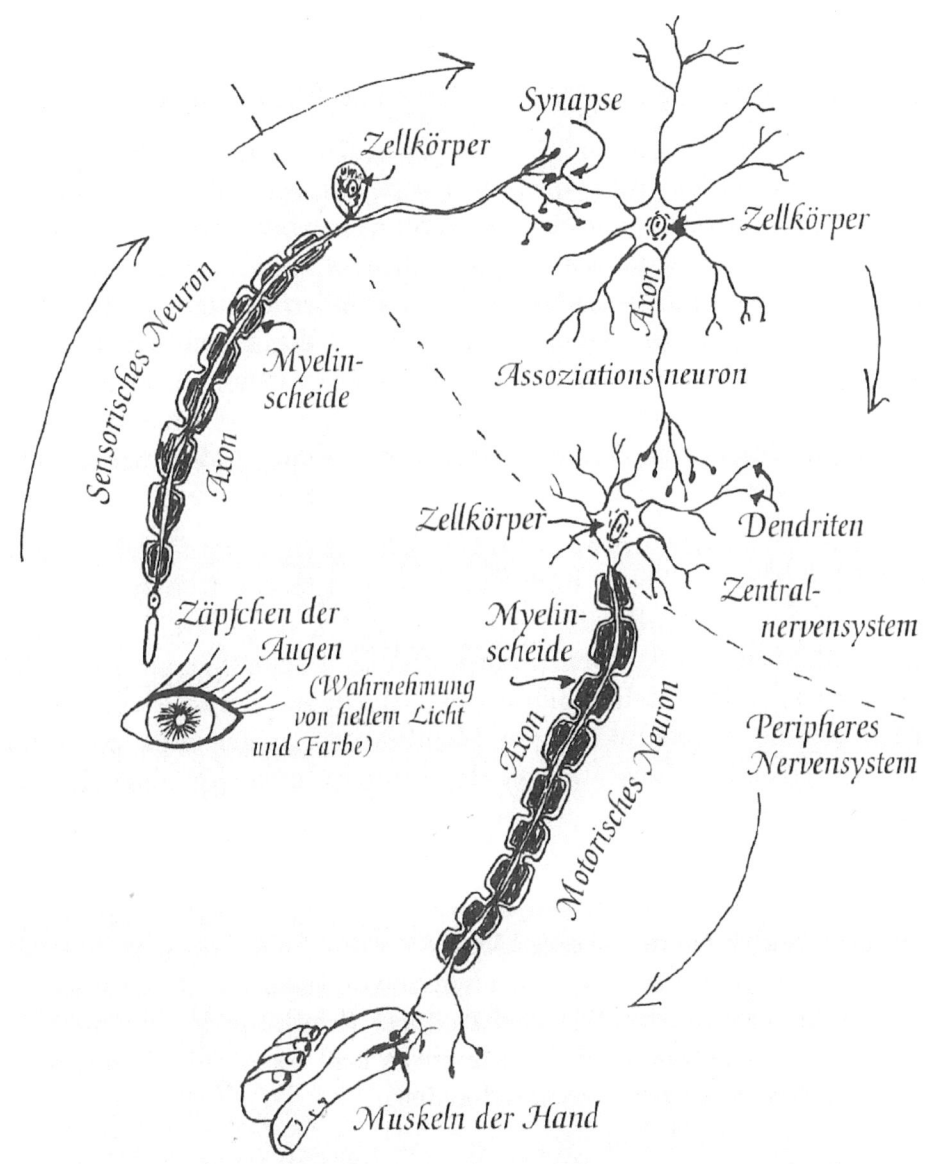

Neuronentypen; entnommen aus Hannford, Bewegung, das Tor zum Lernen

tionsübertragung erhöht, außerdem schützt und unterstützt sie die Regeneration beschädigter Nerven.

Alles, was wir neu lernen, geht sehr, sehr langsam, so als ob wir mit einer Machete einen Pfad durch den Dschungel bahnen wollten. Werden nun dieselben Neuronen mehrmals stimuliert, wird der Pfad immer breiter, im Gehirn bedeutet das, dass die Myelinschicht um die Nervenbahnen immer dicker wird, wodurch sich, wie gesagt, die Geschwindigkeit der Übermittlung der Nervenimpulse erhöht. Und je schneller dies geschieht, um so schneller können die Muskeln aktiviert werden. Schnellere Aktivierung der Muskeln bedeutet höhere Geschicklichkeit. Mehr Übung erzeugt mehr Myelin, mehr Myelin gewährleistet schnellere Verarbeitung, so lange, bis man eine Tätigkeit ganz gut kann, sozusagen „im Schlaf". Alles geht ganz von allein. Wir brauchen uns keinen Pfad mehr durch den Dschungel zu schlagen, wir fahren auf einer breiten Autobahn dahin.

Übrigens ist es dieses Myelin, das unserem Rückenmark und Gehirn die weiße Farbe gibt.

Noch etwas muss man über den Aufbau des Gehirns wissen:
Die Neuronen vernetzen sich also untereinander, aber nicht beliebig. Gleiche Bewegungen werden am selben Ort „abgelegt". So gibt es zum Beispiel eine Stelle, wo „Schnippen mit den Fingern" gespeichert wird. Je öfter wir mit den Fingern schnippen, um so mehr Nervenzellen vernetzen sich, wodurch richtige Muster entstehen (siehe auch 1. Kapitel). Je besser wir eine Bewegung oder Tätigkeit können, um so dichter wird das Muster – wie beim Webteppich. Darum sind Wiederholungen so wichtig für die Entwicklung des Kindes!

TEIL C: Für Sie als Eltern/Pädagogen bedeutet das

Es ist nicht fad, immer das gleiche Spiel zu spielen, dieselbe Geschichte vorgelesen zu bekommen, dieselben Fragen zu stellen! Ganz im Gegenteil! Lenken Sie Ihre Kinder nicht ab, wenn sie schon wieder zu den Bauklötzen greifen und die vielen anderen Spielsachen nicht eines Blickes würdigen! Versuchen Sie nicht, ihrem Kind eine andere Geschichte schmackhaft zu machen, weil Sie die alte nicht mehr hören können! Kinder lernen schnell und leicht auswendig, und sie möchten ihr Wissen auch immer anwenden, indem sie zum Beispiel beim Vorlesen mitsprechen. Daraus zu schließen, dass das Kind die Geschichte schon gut kennt und sie ihm daher fad ist und eine andere besser geeignet ist, wäre falsch!

Nachdem Kinder die Geschichten so schnell auswendig können, passen sie auch genau auf, und wehe, wenn Sie den Wortlaut verändern! Auch dann fragt man sich, warum man eigentlich immer noch dieses Buch oder diese Geschichte vorlesen soll, wenn das Kind alles schon auswendig kann. Von unserem Erwachsenenstandpunkt aus wäre es dann sinnvoller, etwas Neues kennen zu lernen. Aber für das Kind ist diese scheinbar sinnlose Wiederholung eben sinnvoller als etwas Neues, um stabile, dichte Muster im Gehirn (in diesem Fall für Sprache) ausbilden zu können. Das Kind wird sich von selbst etwas Neuem zuwenden, wenn die Zeit (und sein Gehirn!) reif ist!

Auch bei Rollenspielen werden immer wieder die gleichen Szenen gespielt. Das ist deshalb bedeutend, weil dadurch sehr oft Erlebnisse verarbeitet werden – Begegnungen mit anderen Kindern, Erlebnisse in der Familie, Filme oder Theateraufführungen (auch ein harmloses Kasperltheater muss vom Kind erst verarbeitet werden!). Durch Rollenspiele und überhaupt durch freies Spielen gelingt diese Verarbeitung am besten. Unter „Verarbeitung" ist hier nicht eine therapeutische Aufarbeitung von belastenden Ereignissen gemeint, sondern es ist eher vergleichbar mit dem Gespräch, das Sie vielleicht auch gern noch mit jemandem führen, wenn Sie von einem tollen Fest kommen, von einem aufwühlenden Film, einer beeindruckenden Theateraufführung. Und wenn man niemanden zum Reden hat, denkt man zumindest noch öfter an das Ereignis und lässt es im Kopf Revue passieren.

Ganz schlimm ist es, wenn Kinder diese Zeit nicht haben, weil auf einen Programmpunkt schon der nächste kommt. Man sollte also ganz bewusst nach einem Ausflug, nach dem Kasperltheater, auch nach dem Kindergarten oder der Spielgruppe, dem Besuch bei Freunden oder von Freunden für eine Ruhepause für das Kind sorgen, in der es für sich spielen und die Ereignisse verarbeiten kann.

Aus diesem Grund ist es auch günstiger, wenn das Kind Fernsehfilme nicht direkt anschaut, sondern vom Video, damit es öfter denselben Film sehen kann. Ganz schlecht ist das Konsumieren verschiedener Filme hintereinander, ohne Zeit zur Reflexion zu haben! Wenn Fernsehen sich überhaupt vermeiden ließe, wäre es allerdings am besten, weil das passive Starren auf den Bildschirm viele unangenehme Auswirkungen hat, wie schon erwähnt.

Ein beliebtes Spiel bei kleinen Kindern, das so manche Eltern zur Verzweiflung bringen kann, ist das wiederholte Fallenlassen von Gegenständen – von einem Balkon herunter, aus dem Kinderwagen oder beim Essen vom Hochstuhl aus. Nun tun Kinder das nicht um uns zu ärgern, sondern dieses Los – lassen – Können ist ein wichtiger Schritt in der Entwicklung! Zuerst muss das Kind lernen, einen Gegenstand festzuhalten (Mamas Haare oder ihre Halskette sind beliebte Übungsobjekte!). Aber schließlich will man nicht immer an Mamas Haaren ziehen, also kommt irgendwann der Zeitpunkt, an dem die Muskeln die gegenteilige Bewegung lernen müssen – die geschlossene Hand wieder zu öffnen. Der Zeitpunkt, an dem ein Kind Sachen gezielt los lässt, bedeutet auch, dass es sich schon an diesen Gegenstand erinnern kann und ihn daher wieder haben möchte. Also eine doppelte Leistung des Gehirns!

Auch das Lösen der Muskeln zum Loslassen ist natürlich etwas, was nicht beim ersten Mal perfekt funktioniert, also muss auch das – zum Leidwesen vieler Mütter, Väter, Großeltern – immer wieder geübt werden! Wenn das Kind spürt, dass es mit dieser Tätigkeit ganz besondere Aufmerksamkeit erhält, indem wir überreagieren und uns besonders ärgern, dann wird es das Fallenlassen allerdings ganz gezielt einsetzen, um diese Aufmerksamkeit auch zu erhalten. Jedes Baby, jedes Kind braucht *ungeteilte* Aufmerksamkeit und holt sie sich dort, wo es sie bekommen kann.

Wenn ihr Baby gerade die „Fallen – lassen – Phase" durchmacht, geben Sie ihm drinnen und draußen die Gelegenheit, viele unterschiedliche, unzerbrechliche Dinge auf unterschiedliche Untergründe fallen zu lassen (weiche Bälle, Löffel, Zapfen, Steine, Blätter, Vogelfedern auf Erde, Asphalt, Holz, Teppich, Fliesen, Schnee, …). Es lernt dabei nicht nur das Öffnen der Hand und das Loslassen eines Gegenstandes. Es erfährt viel Neues über die Schwerkraft , selbst hat es diese Kraft von Anfang an erfahren, besonders beim Krabbeln, Sitzen und Gehen lernen! Nun sieht und erfährt es, dass auch andere Dinge dieser Kraft gehorchen. Es hat sensorische Erlebnisse, weil ein Löffel, der auf einen Steinboden fällt, anders klingt als ein Blatt. Und am Teppich klingt es schon wieder anders! Und eine Feder fällt auf eine völlig andere Art zu Boden als ein Stein! Die Wichtigkeit dieser sensorischen Erlebnisse werden wir im nächsten Kapitel noch genauer unter die Lupe nehmen.

Wir dürfen nie vergessen, dass diese Erfahrungen für uns ganz selbstverständlich, für ein Kind jedoch völlig neu sind! Es muss erst lernen, dass Metall auf Fliesen anders klingt als Metall auf Teppich – und das lernt man am besten durch eigenes Tun.

Wenn das Kind nun ein Glas auf den Steinboden fallen lassen möchte, ist es an der Zeit, eine Grenze zu setzen. „Nein, das nicht!" (Früher oder später wird dem Kind oder auch uns etwas Zerbrechliches hinunterfallen und es wird auch die Erfahrung machen, dass Dinge dabei kaputt gehen können.) Wenn das Kind trotzdem Anstalten macht, das Glas hinunterzuwerfen, nehmen Sie es liebevoll, aber bestimmt weg. Aber geben Sie ihm Ersatz! Es braucht die Tätigkeit, aber es braucht auch geeignetes Material für sein Tun. Das gilt für alle Bereiche und Unternehmungen. Meistens ist nicht das Kind schlimm oder seine Handlung unpassend und lästig, sondern die Umgebung bzw. das Material passt nicht!

Nun ist ein einmaliges „Nein" für die meisten Kinder noch kein Grund, etwas nicht zu tun. Auch was Grenzen betrifft, braucht ein Kind Wiederholungen, bis es eine Grenze sozusagen „verinnerlicht" hat. Und dann kommt schon wieder die nächste, die ausgetestet werden will!

Werden Sie deshalb nicht böse, wenn ihr Kind immer wieder dieselben Dinge tut, obwohl sie es „schon hundert Mal gesagt haben" und Sie meinen, das Kind müsse ganz genau wissen, dass es bestimmte Dinge nicht tun darf. Aber dem ist eben nicht so! Das Kind weiß es nicht, es muss dieses „Wissen" auch erst erlernen. Dazu braucht Ihr Baby oder ihr Kind Sie als geduldigen, konsequenten, liebevollen Übungspartner. Konsequenz ist für die Orientierung des Kindes hilfreich. Wenn ich heute zulasse, dass das Essen auf den Boden geworfen wird, weil es mir gut geht und alles stimmt, morgen schimpfe ich darüber, weil ich einen schlechten Tag habe, so kennt das Kind sich nicht aus, es kann die Grenze nicht „lernen", weil keine Grenze da ist. Das ist ähnlich, als wenn die Mauern unserer Wohnung sich ständig verschieben würden. Heute ist das Wohnzimmer klein, morgen riesig, heute ist das Bad links, morgen rechts – wir würden wohl ziemlich unruhig werden, wenn wir uns nicht auf die festen Grenzen unserer Wohnung verlassen könnten!

Aber ich möchte betonen, dass ein Kind nur wenige, sinnvolle Grenzen kennen soll, innerhalb derer es sich mit viel Freiheit bewegen kann. Hört es immer und überall nur ein „Nein", so wird es unausgeglichen, lästig, weil es in seiner körperlichen und seelischen Entwicklung beschnitten wird.

Es gibt Phasen im Leben eines Kindes, in denen es ganz besonders viel ausprobieren muss. Das erste Mal ist das meist dann der Fall, wenn die Kinder ein bisschen mobiler werden und zu gehen und klettern beginnen. Nichts scheint mehr vor ihnen sicher zu sein, man kann sich als Elternteil oft gar nicht vorstellen, was Kinder alles anstellen, um an interessante Dinge heranzukommen.

Hier hilft nur Wegräumen, so gut es geht, um eine „Vorbereitete Umgebung" zu schaffen, in der das Kind sich frei bewegen kann. Auch das Abtrennen eines kleinen Teils des Raumes mit einem Holzgitter ist unter Umständen hilfreich (siehe Emmi

Pikler). Allerdings müssen die Kinder sich wohl von klein auf daran gewöhnen; können sie schon laufen, werden sie es vermutlich nicht mehr akzeptieren, wenn sie in ihrer Bewegungsfreiheit eingeengt werden.

In dieser Phase muss man sich ganz aufs Kind einstellen, es will uns ja nicht ärgern mit seinem Forscherdrang, es muss einfach seine Welt kennen lernen!

Und wenn nun zum Beispiel Vater und Mutter verschiedene Grenzen haben? Hier ist es sicher sinnvoll, sich mit dem Partner darüber zu unterhalten und zu versuchen, die Beweggründe für ein bestimmtes Verhalten zu verstehen. Dies hilft aber eher der Partnerschaft, für das Kind ist es im allgemeinen keine Tragödie, es lernt, dass die Menschen verschieden sind und lernt, sich auf diese verschiedenen Menschen einzustellen. Das hat durchaus einen Sinn für das spätere Leben. Wir müssen schließlich in vielen Berufen Menschen sehr schnell einschätzen – den Chef, Kunden, Mitarbeiter - und uns auf sie einstellen.

Natürlich sind wir alle nur Menschen, die nicht perfekt sind (zum Glück!). Daher müssen wir uns selbst erlauben, Fehler zu machen. Man muss und soll experimentieren, was dem Kind und uns gut tut, auch in Bezug auf Grenzen. Aber man soll sich nicht aus lauter Unsicherheit ständig neue Verbote einfallen lassen, vielleicht durch Druck von Außenstehenden (Großeltern, Freunde...), oder sich aus lauter Angst gar nicht trauen, Grenzen zu setzen, innerlich dabei aber immer verkrampfter werden, bis man sich nur mehr in einem Wutanfall ausdrücken kann!

Diesen kurzen Ausflug zum Thema „Grenzen" habe ich deshalb unternommen, weil ich oft höre, in der Montessoripädagogik gäbe es keine Grenzen, die Kinder „dürfen ja alles tun". Viele lehnen dann von vornherein diese Pädagogik ab, weil sie ihnen zu frei erscheint, und setzen sich nicht weiter damit auseinander.

3. KAPITEL

SINNESERFAHRUNGEN

Teil A : Die Sinne in der Montessoripädagogik

Ebenso intuitiv wie bei der Bewegung erkannte Maria Montessori, wie bedeutend die Schulung der Sinne für Säuglinge und kleine Kinder ist.

„Aufgrund der Unvollständigkeit der Knochengewebe ist das Kind untätig, seine Glieder sind ohne Bewegung, und dadurch kann seine Aktivität nicht in der Bewegung liegen. Seine Aktivität ist einzig die der Psyche, die die Sinneseindrücke absorbiert." (Das kreative Kind)

Mit „absorbierend" meinte Maria Montessori, dass das Kind von Geburt an seine Umgebung wahrnimmt und von diesen Eindrücken geprägt wird, auch wenn es für uns Erwachsene so aussieht, als ob das Baby recht bewegungslos in seinem Bettchen liegen würde oder ein einjähriges Kind sich ausruht und scheinbar gelangweilt in die Luft schaut. Auch Kinder, die in einer fremden Umgebung erst einmal für längere Zeit vom sicheren „Mutterhafen" aus beobachten und nicht gleich spielen, sind nicht inaktiv!

Aus diesem Grund soll die Umgebung für das Kind zwar interessant und anregend sein, aber nicht zu überladen, da die Sinne leicht überreizt werden können. Das betont gleichermaßen Emmi Pikler. Ein über das Bett des Babys gehängtes Mobile, meint sie, mag zwar uns Erwachsenen gefallen, für das Baby ist es ein unnötiger Reiz, der es unter anderem davon abhält, seine eigenen Finger, Hände und Füße zu erforschen, die in dieser Phase völlig genügen würden. Auch spricht die Entfernung vom Kind gegen diese Art von Spielzeug. Das Baby kann es nicht berühren, obwohl es in diesem Alter alles über die Berührung kennen lernt. Es ist eher verwirrt, weil es dieses baumelnde Ding noch nicht in seine Welt einordnen kann. (siehe Pikler)

Man braucht den Kindern die Dinge um sie herum „nicht mit langweiligen Worten aufzuzeigen, sie haben eine Fülle von diffusen Eindrücken im Unterbewusstsein, man gibt ihnen nur eine Hilfe, genauer zu sehen, Eindrücke zu klären; man hilft der Intelligenz zu ihrer Entwicklung. Die Eindrücke ordnen sich, die Dinge interessieren danach mehr, das Kind selbst kommt zur inneren Ordnung, es handelt sich durchaus nicht nur um eine isolierte Sinnesübung." (Das kreative Kind)

Hier ist die Rede von dem von Montessori entwickelten „Sinnesmaterial": unter anderem dem rosa Turm, der braunen Treppe, den roten Stäben, den Einsatzzylindern, den Farbtäfelchen, den Tastbrettern, den Materialien zu Schulung des Gehörs (Geräuschdosen, Glocken u.ä.), den Übungen zur Schulung des Geschmacks – und Geruchssinnes.

Wie bei allen anderen Montessorimaterialien ist es auch bei den Sinnesmaterialien so, dass jedes Material einen Aspekt isoliert darlegt. So zeigt zum Beispiel der Turm das Größenverhältnis von der Kantenlänge 10 cm bis 1 cm. Unbewusst erfährt das Kind so das Verhältnis der Kuben (= Würfel) von 10x10cm bis 1x1cm.

Bei der Treppe handelt es sich um Quader mit 20 cm Länge und unterschiedlicher Dicke, der dickste Quader hat eine Seitenlänge von 10 cm, der dünnste von 1 cm. Bei den roten Stangen ist wiederum die Länge unterschiedlich (von 10 bis 100 cm), die Dicke der Stäbe ändert sich nicht: 2,5 x 2,5 cm).

Bei den Farbtäfelchen geht es nur um die Unterscheidung einzelner Farbnuancen: Ursprünglich wurden kleine Holtäfelchen mit verschiedenfarbigen Garnen umwickelt, heute sind es meist lackierte Holztäfelchen oder auch Kunststofftäfelchen in den verschiedenen Farbnuancen.

Die Glocken erzeugen immer paarweise denselben Ton, durch Anschlagen mit einem kleinen Hämmerchen muss das Kind die gleichen Töne finden.

Immer wird also nur ein Sinn angesprochen, wird nur eine bestimmte Eigenschaft hervorgehoben. Diese Begrenzung der Eigenschaften vergleicht Montessori mit der Schrift:

So wie es unzählige Gegenstände gibt, gibt es unzählige Wörter. Jedes Wort besteht aber aus einzelnen Buchstaben, genau so wie jeder Gegenstand sich aus begrenzten Eigenschaften zusammensetzt. Die einzelnen Eigenschaften eines Gegenstandes sind also den einzelnen Buchstaben gleichzusetzen. Wenn man dem Kind nun die einzelnen Eigenschaften getrennt zum Erkunden gibt, so ist das wie ein „Schlüssel, der die Türen zu den Wissensbereichen öffnet. Wer nicht nur die Eigenschaften eingeordnet hat, sondern auch bereits die Gradationen jeder Eigenschaft abschätzen kann, kann alles in der Umgebung und in der Natur erkennen".

Die Schulung der Sinne steht für Montessori in engem Zusammenhang mit der Entwicklung von Intelligenz:

„So ist es etwas ganz anderes, Kinder zu unterrichten, deren Sinne erzogen sind, als solche, die ohne diese Erziehungshilfe aufgewachsen sind. Gibt man im ersten Fall den Kindern Gegenstände und die Elemente der Kultur oder lässt man sie direkt die Umgebung erforschen, zeigen sie Interesse; denn sie sind schon sensibel für die kleinen Unterschiede zwischen den Blattformen, den Farben der Blumen und den Besonderheiten der Insekten. Das Wichtige ist, die Dinge zu sehen und das Interesse zu verspüren, sie kennen zu lernen. Ein ausgebildeter Verstand ist wichtiger als ein mehr oder weniger fähiger Lehrer." (Das kreative Kind)

Bei jedem Material ist wieder Bewegung ein wichtiger Bestandteil: Wenn das Kind die braune Treppe oder den roten Turm holt, muss es sich bewegen, es muss sich sogar ganz schön anstrengen, denn die Materialien sind für ein kleines Kind gar nicht leicht zu tragen. Beim Hantieren selbst ist auch immer Bewegung dabei! So werden die Sinneseindrücke immer mit Bewegungen kombiniert.

Schon zur damaligen Zeit erkannte Maria Montessori, dass die künstliche Umgebung, in der Kinder leben, nicht ausreichend Sinneseindrücke, zum Beispiel zur Unterscheidung der Farbnuancen, bereithält. Wie anders dagegen die Natur, die uns unter anderem mit einer Fülle von Grüntönen überrascht. Auch was Töne betrifft, leben wir heute in einer noch viel verwirrenderen Zeit als Montessori. Kinder werden zwar von Anfang an mit verschiedenen Geräuschen konfrontiert (ich würde schon eher sagen: Lärm ausgesetzt), aber das gezielte Hinhören und das Unterscheiden sehr feiner Zwischentöne geht oft unter. Aus diesem Grund sind die Sinnesmaterialien in der heutigen Zeit mit Sicherheit immer noch äußerst wertvoll für Kinder!

Für Maria Montessori ist das Sinnesmaterial allerdings nicht nur ein Mittel, um differenzierte Sinneseindrücke zu erleben und um Konzentration zu erfahren, sondern auch eine Möglichkeit, um den „mathematischen Geist" zu entwickeln. Mit Hilfe dieser bis ins Detail durchdachten Materialien lernt das Kind ganz automatisch und ohne sich konkret damit zu beschäftigen das Dezimalsystem kennen, die Beziehung verschiedener Größen zueinander, und das im wahrsten Sinne des Wortes durch „Begreifen". Wenn es z.B. den größten Würfel des rosa Turmes in die Hand nimmt und danach den kleinsten, so erfährt es „hautnah", dass 10cm³ mehr und daher schwerer sind als 1 cm³! Es wird auf dieses unbewusste Wissen zurückgreifen können, wenn es in der Schule gebraucht werden wird.

„Alles wird leicht, wenn das Wissen im *absorbierenden Geist* verwurzelt ist." (Das kreative Kind)

Auch Maria Montessori hat die Erfahrung gemacht, dass Mathematik für viele Kinder ein wahrer Schrecken sein kann. Durch die Vorerfahrungen des absorbierenden Geistes kann viel von diesem Schrecken genommen werden, weil echtes Verständnis vorbereitet wird. Und eine Sache, die man versteht, hat ihren Schrecken verloren. Warum gerade im mathematischen Bereich diese Vorerfahrung so wichtig ist, erklärt Frau Montessori so:
„Die mathematischen Gegenstände sind nicht in der Umgebung verteilt so wie die Bäume, die Blumen und die Tiere. Somit fehlt die Gelegenheit, im Kindesalter spontan den mathematischen Geist zu entwickeln. Das verursacht ein Hindernis in der darauffolgenden geistigen Entwicklung. Wir nennen daher das Material zur Erziehung der Sinne *materialisierte Abstraktionen* oder grundlegendes mathematisches Material." (Das kreative Kind)
„Materialisierte Abstraktionen" bedeutet nichts anderes, als dass Dinge, die ein Kind in einer Regelschule beim herkömmlichen Unterricht nur zu oft rein abstrakt im Kopf lernen muss, hier sichtbar gemacht werden, ja sogar eben körperlich erfahrbar durch die verschiedenen Eigenschaften (Länge, Gewicht). Montessori ist nach den Beobachtungen vieler, vieler Kinder überzeugt, dass diese Erfahrungen im „Sinnesgedächtnis" gespeichert werden, das heißt, dass wir auch über die Tätigkeit mit den Händen lernen.
Welch ein Unterschied, ob ich einem Kind sage: „Ein Würfel mit der Grundfläche 10 x 10 cm ist schwerer als einer mit 1 x 1 cm" oder ob das Kind das einfach erfahren darf!
„Zwischen dem „Verstehen", wenn ein anderer versucht, uns mit Worten die Erklärung einer Sache einzuprägen, und dem eigenen Erfassen der Sache liegt ein unendlicher Unterschied.... Derjenige, der „von sich aus versteht", hat einen unerwarteten Eindruck: er fühlt, dass sein Bewusstsein sich befreit hat und ein Licht darin leuchtet. Dann ist das Verstehen nicht gleichgültig...." (Montessoripädagogik)
Diese Freude der Kinder am Entdecken neuer Erkenntnisse ist eine wunderschöne Erfahrung, wenn man im Sinne Montessoris mit Kindern arbeitet!

Albert Einstein drückte das so aus: „Lernen ist Erfahrung, alles andere ist Information"!

Teil B : Neurobiologische Grundlagen

Im vorigen Kapitel haben wir gesehen, wie wichtig Bewegung für das Vernetzen der Neuronen untereinander ist. Aber nicht nur Bewegungen werden so gespeichert, auch Sinneseindrücke. Wenn wir unsere Umwelt durch die Sinne aufnehmen, entsteht eine Art Grundmuster. Je besser wir unsere Umgebung durch Tasten, Sehen, Riechen oder Fühlen erforschen, desto feiner wird das jeweilige Muster. Die Bereiche des Gehirns, die diese Informationen von außen aufnehmen (zum Beispiel einen Geschmack), verbinden sich mit alten Mustern für Geschmack. Dadurch entstehen auch Querverbindungen zu schon bestehendem Wissen, zu unseren bisherigen Erfahrungen. Aus dem sensorischen Erleben der Schwerkraft lernt das Kind ganz von allein und ganz unbewusst, sich beim Klettern fest zu halten.

Auch beim Zeichnen werden Sinneseindrücke in die Bewegung des Zeichnens eingebracht: Menschen werden – auch bei den ersten Zeichenversuchen als Strichmännchen – im allgemeinen mit dem Kopf oben und den Beinen unten gezeichnet. Die Sonne ist oben am Blatt, die Wiese und die Blumen sind unten. Für uns mag das selbstverständlich sein, weil es eben so ist, von der Gehirnentwicklung her gesehen ist es aber eine großartige Leistung von Koordination zwischen Hand und Auge.

Stimmt nun aber aus neurobiologischer Sicht Montessoris Ansicht, dass Kinder ihren mathematischen Geist durch das Sinnesmaterial schulen können? Um diese Frage zu beantworten, müssen wir noch ein bisschen mehr über den Aufbau unseres Gehirns erfahren.

Das menschliche Gehirn, der wichtigste Teil unseres zentralen Nervensystems, besteht vereinfacht ausgedrückt aus drei Teilen, die sich im Laufe der Evolution gebildet haben.

Der älteste Teil des Gehirns ist das <u>Stammhirn,</u> auch Kleinhirn , Reptiliengehirn oder retikuläres Gehirn genannt, das wir mit den niederen Tieren gemeinsam haben; dieser Teil des Gehirns entwickelt sich bereits ab der Befruchtung bis ca. ins fünfzehnte Lebensmonat.

 Im Stammhirn werden die lebensnotwendigen Körperfunktionen koordiniert wie Kreislauf, Atmung, Verdauung, von hier aus werden die Muskelbewegungen gesteuert, und zwar die bewussten ebenso wie die automatischen. (Eine bewusste Muskelbewegung ist z.B. das Greifen nach einem Gegenstand, automatische Muskelbewegungen sind die Herztätigkeit, die Darmkontraktionen usw.). Dieser Gehirnteil ist sozusagen für die Selbsterhaltung zuständig. Hier wirken zum Beispiel auch Düfte oder Gerüche. So signalisiert Brandgeruch Gefahr, die Fluchtreaktion wird ausgelöst; ebenso haben Gerüche aber auch Auswirkungen auf den Sexualtrieb zur Arterhaltung. Der Gleichgewichtssinn funktioniert gleichermaßen über das Kleinhirn wie die Anpassung der Atmung auf bestimmte Klänge hin. Alle Nachrichten aus den Sinnesorganen und alle Befehle an die Muskeln laufen über das Stammhirn und werden von dort an die jeweils „zuständigen" Muskeln weitergegeben.

Beim jedem Menschen, natürlich auch beim Säugling, müssen die Grundbedürfnisse befriedigt sein (Hunger, Durst, Wärme, Körperkontakt...), bevor „höherstehende" Vorgänge ablaufen können!

Ist das Stammhirn ausgeschaltet, sind wir in einem Schlafzustand, in dem wir von unserer Umwelt nichts mitbekommen.

Ein wichtiger Teil innerhalb dieses Stammhirns ist unser Gleichgewichtsorgan, der Vestibulärapparat. Er ist im fünften Schwangerschaftsmonat bereits voll ausgebildet und mit Myelin überzogen - das heißt, die bestehenden Vernetzungen sind „fix". Wird dieses Gleichgewichtsorgan nicht stimuliert, nehmen wir keine Informationen von unserer Umwelt auf. Das Kind lernt also über jede Bewegung, die es ausführt, etwas über seine Umgebung.

Aber auch der Gehörsinn ist eng mit Bewegung verbunden, wie schon im 1. Kapitel erwähnt wurde. So hat Dr. Alfred Tomatis entdeckt, dass ein Ungeborenes bereits einen bestimmten Muskel bewegt, wenn es ein bestimmtes Phonem hört (ein Phonem ist die kleinste lautliche Einheit, die in einer Sprache zu einem Bedeutungsunterschied führt). Das heißt, ein bestimmter Klang wird also mit der Reaktion immer desselben Muskels verbunden, eine Vorbereitung auf das Lernen von Sprache – oder schon ein Teil des Lernens der Muttersprache? Auf jeden Fall ist auch das ein Beweis dafür, dass die Verknüpfung einer Sinneserfahrung mit Bewegung wichtig ist.

Ein weiterer Sinn ist schon bei der Geburt sehr gut ausgeprägt: der Geruchssinn. Ein Baby kann sofort den Geruch der Brust der eigenen Mutter von dem einer anderen Frau unterscheiden. Auch spielen Gerüche beim Lernen eine große Rolle. In Tests wurde erforscht, dass man sich bestimmte Dinge leichter merkt, wenn man sie beim Lernen mit einem Geruch verbindet und diesen dann, wenn man das Gelernte anwenden muss, wieder riecht (also zum Beispiel beim Lernen Veilchenparfum riechen, bei der Schularbeit auch). Auch das Reiben der Nase vor dem Lernen soll angeblich helfen.

Unser Tastsinn ist ein ganz wichtiger Sinn im Zusammenleben mit Kindern. Sie lernen nicht nur über das konkrete Angreifen von Gegenständen, sondern sie brauchen auch den Körperkontakt zum Überleben. Durch eine Berührung wird im Gehirn ein bestimmtes Hormon produziert, das die Ausbildung neuraler Netze aktiviert. Wird ein Kind zu wenig berührt, gestreichelt, hat das durchaus Konsequenzen: es sind sowohl mentale als auch motorische Fähigkeiten und Funktionen beeinträchtigt. Auch Lernstörungen sind in diesem Zusammenhang möglich.

Für das Lernen gilt allgemein, dass man effektiver lernt, wenn Berührung mit den anderen Sinnen kombiniert wird. Dadurch wird ein größerer Bereich im Gehirn aktiviert, wodurch mehr und komplexere Netze im Gehirn aufgebaut werden. Berührung dient auch als „Anker" für Verhalten und Lernen (zum Beispiel im NLP).

Auch beim Sehen spielt Berührung eine große Rolle, so seltsam das vielleicht klingen mag. Aber beim Sehen sind die Augen nur zu einem geringen Prozentanteil beteiligt, der Großteil des Sehvorgangs spielt sich im Gehirn ab! Wir wissen, dass Babys und kleine Kinder alles in den Mund nehmen, was ihr Interesse erweckt und sie genauer untersuchen wollen. Das ist wichtig, damit sie die Formen, die Dimensionen und die Strukturen eines Gegenstandes wahrnehmen können. Sie erfahren im wahrsten Sinne des Wortes durch „Begreifen". Gerade beim Sehen ist vieles erlernt, und ohne diese konkreten Erfahrungen ist wahrscheinlich auch unser Sehen „ärmer".

Bei Tests wurde festgestellt, dass ein Baby die Dinge, die es einmal im Mund hatte, ohne sie zu sehen, zu einem späteren Zeitpunkt, als das Sehen besser funktionierte, nur durch Anschauen wiedererkannt hat. Es hat sie also vorher schon mit dem Mund „gesehen".

Die Augen selber müssen sich übrigens ständig bewegen, damit sie gesund bleiben und ihre volle Sehkraft erhalten bleibt (Bewegung ist also nicht nur für den Körper selber wichtig!). Ständiges Starren auf einen Fleck – Spielen oder Arbeiten am Computer, Fernsehen beispielsweise – wirken sich auf die Dauer negativ auf die Sehkraft aus. Auch längeres Lesen sollte immer wieder unterbrochen werden, indem man die Augen in die Ferne richtet und dadurch ein wenig entspannt.

Über unser Stammhirn hat sich im Laufe der Evolution das <u>Limbische System</u> (manchmal auch als „Zwischenhirn bezeichnet) gelegt, das wir mit den Säugetieren gemeinsam haben und in dem die Gefühle beheimatet sind. Hier wird unser Tun mit Emotionen verknüpft, das heißt Gefühle, Sinneswahrnehmungen und körperlicher Ausdruck wie Bewegung werden hier vereint. Ersichtlich wird das zum Beispiel dann, wenn wir vor großer Freude einen Luftsprung machen müssen, wenn wir in traurigen Situationen den Kopf hängen lassen oder die Hände vors Gesicht halten, wenn wir in besonders berührenden Momenten vielleicht eine Gänsehaut bekommen, wenn wir verlegen erröten – Emotionen sind eigentlich immer mit Bewegung und/ oder mit körperlichen Erscheinungen verbunden. Auch im umgekehrten Sinn: Bekommt das Kind zu wenig Liebe und Aufmerksamkeit, kann sich das in verminderter Sinneswahrnehmung und/oder in ungeschickten, unkoordinierten Bewegungen äußern.

Durch den ständigen Austausch mit der Umwelt kann sich das limbische System entfalten und ausbilden, ein Prozess, der ungefähr bis zum siebenten oder achten Lebensjahr andauert.

Die Lage des limbischen Systems zwischen dem Stammhirn und dem Neokortex zeigt im wahrsten Sinne des Wortes dessen Vermittlerrolle zwischen Körper und Denken.

Denn nicht nur mit dem Stammhirn ist das limbische System sehr gut „verdrahtet", es hat auch unzählige Verbindungen zum dritten und „neuesten" Teil unseres Gehirn, dem <u>Großhirn,</u> auch Großhirnrinde oder Neokortex genannt. Dieser Teil unterscheidet uns vom Tier, er ist für den Verstand, das Denken zuständig. So werden zum Beispiel Emotionen und Denken verknüpft, das bedeutet, dass wir nicht hilflos unseren Emotionen ausgeliefert sind, sondern rational darüber nachdenken können (zumindest theoretisch!). Lernen und Vergessen, Erkennen, Kombinieren und abstraktes Denken spielen sich hier ab, und es gibt auf der Großhirnrinde Zentren für die verschiedenen Tätigkeiten: das Sehzentrum, das Hörzentrum, ein Zentrum für Riechen, Spüren, Tasten, für Sprache usw. Dieser Teil unseres Gehirns entwickelt sich besonders im Alter zwischen sieben und vierzehn Jahren.

Die Bedeutung der sensorischen Zentren im Gehirn wird vielleicht verständlich, wenn wir uns vor Augen halten, dass vieles davon bereits vor der Geburt im Uterus entwickelt wird. Über unser Gleichgewichtsorgan (Vestibularsystem) lernen wir noch im Mutterleib die Schwerkraft kennen, darauf bauen dann unser Gehör -,

Geschmacks- und Geruchssinn auf. Mit der Zeit müssen wir lernen, diese einzelnen Erfahrungen zu verbinden, damit der Sehsinn sich entwickeln kann.

Auf Grund unserer sensorischen Erfahrungen bilden sich (wie im Kapitel „Bewegung" beschrieben) neurale Netzwerke aus, die um so dichter werden, je mehr Erfahrung wir haben. Entscheidend für die Dichte und die Anzahl der Verzweigungen ist also unsere Umwelt. Je nachdem, was wir sehen, hören, fühlen, riechen, wird unser Gehirn anders aussehen als das unseres Nachbarn. (Deshalb ist es auch wahrscheinlich nicht möglich, zwei Kinder wirklich gleich zu erziehen, denn diese ersten Eindrücke können niemals die selben sein!)

Diese Tatsache ist entscheidend für unser weiteres Leben, denn jeder von uns arbeitet „noch mit genau denselben Zellen, die er schon als Säugling entwickelt hatte." (Vester: Denken, Lernen, Vergessen). Vester vergleicht diese ersten Eindrücke auch mit Erbinformationen, weil wir uns zwar nicht mehr an diese Erlebnisse erinnern können, sie uns aber eben unser Leben lang begleiten und im Unterbewusstsein fest gespeichert sind. All die Farben, Gerüche, Geräusche, die Worte, Bewegungen, Gefühle weben unseren Gehirnteppich und bestimmen damit auch unser zukünftiges Denken, unsere Vorstellungswelt, auch unsere Kreativität. Dabei kommen die Informationen aus den verschiedensten Hirnteilen: Wenn wir uns zum Beispiel das abstrakte Wort „Sommer" vorstellen, so kommt die Farbvorstellung unserer Lieblingsblumen aus dem Hinterhauptlappen, emotionale Erfahrungen wie die Freude über den Anfang der Schulferien kommen aus dem limbischen System, der Klang der Zikaden kommt aus dem Stirnlappen genau so wie die Geräusche, die wir mit der fröhlichen Menge in einem vollen Schwimmbad in Verbindung bringen. Wir können mit diesem Wort also Geräusche, Düfte, Farben assoziieren, basierend auf unserer Erfahrung. Wenn wir unsere Sommer immer nur in einem abgedunkelten, schalldichten Raum verbringen hätten müssen, wäre unsere einzige Assoziation mit „Sommer" auch nur ein abgedunkelter Raum. Wenn das Gehirn auch lernfähig ist und sich die Neuronen unser ganzes Leben lang vernetzen können, so sind die ersten Erfahrungen doch ausschlaggebend, weil sich in den ersten Monaten unseres Lebens am meisten im Gehirn tut, auch wenn man es gerade einem Neugeborenen nicht ansehen kann!

In dieser Zeit wird auch ganz etwas Wesentliches entschieden, nämlich welcher Lerntyp wir sind, ob wir eher visuell, akustisch oder kinästhetisch lernen. (Zu den verschiedenen Lerntypen empfehle ich das Buch „Bewegung, das Tor zum Lernen".) Sensorische Eindrücke sind für das Lernen von entscheidender Bedeutung. Unsere

Vorstellungen über die Dinge, die uns umgeben, ja unser ganzes Denken baut auf unseren Empfindungen auf. Die Tatsache, dass vielfältige Sinneserfahrungen das Wachstum des Gehirns anregen, wurde sowohl in Tierversuchen als auch in einer Langzeitstudie mit Menschen wissenschaftlich festgestellt. (Bewegung, das Tor zum Lernen). Wenn der Bezug zur Realität, zur Erfahrung, fehlt, bleibt das Lernen „graue Theorie".

Ohne Sinne kein Lernen, keine Muster im Gehirn. Und ohne Muster keine Intelligenz. Auf diesen einfachen Nenner könnte man unsere Sinneserfahrungen bringen!

Betonen möchte ich, dass mit „lernen" nicht nur das schulische Lernen gemeint ist. Ein Kind lernt vom ersten Tag seines Lebens an, es hört im günstigsten Fall auch in der Schule nicht damit auf. Die ersten Jahre hindurch lernt es allerdings aus freiem Antrieb, mit Vergnügen und wahrem Interesse. In der Schule wird den Kindern die Freude oft verdorben. Originalzitat eines Hauptschullehrers, als eine Freundin von mir ihn bat, doch mehr spielerische Elemente in den Unterricht einzubauen: „Lernen kann doch nicht lustig sein!" So wird lernen für viele Kinder in der Schule immer mehr zur Qual, die Leichtigkeit der ersten Jahre ist dahin.

Wie funktioniert Lernen aber nun vom Gehirn aus gesehen?

Die althergebrachte Meinung vom Lernen hat uns eingebläut, dass es ein ernster Vorgang ist, zu dem man einen kühlen Verstand, aber keine Emotionen braucht. Sätze wie „Erst die Arbeit, dann das Spiel", „Jetzt wird gelernt, Spaß beiseite", „Wer was lernen will, muss sich anstrengen", die Aussage, dass mit dem Eintritt in die Schule der „Ernst des Lebens" beginne..........all das hat uns bis heute geprägt.

Heute stehen uns gegenteilige Erkenntnisse zur Verfügung, leider werden sie in den Schulen kaum beachtet bzw. schon gar nicht als Anlass zu einer Änderung des Unterrichtsstils genommen.

Unser Gehirn ist ein unsagbar komplexes Organ, und Denken kann keinesfalls getrennt von Gefühlen gesehen werden. Durch unsere vielschichtigen neuralen Netzwerke ist das Denken mit dem Körper und unseren Emotionen eng verbunden.

Diese Tatsache wurde in Experimenten bestätigt: Antonio Damasio führte diese Experimente mit Menschen durch, die eine Schädigung in dem Teil des limbischen Systems hatten, der für die Emotionen zuständig ist. Diese Patienten reagierten emotional nicht auf Situationen, auf die sie vor der Verletzung sehr wohl reagiert hatten – aber sie erinnerten sich daran, denn weder ihr Intellekt noch ihr Gedächtnis waren sichtbar gestört. Außerdem waren sie nicht fähig, einfache Entscheidungen zu treffen, die sie vorher noch ohne Probleme getroffen hatten. Mit einem einfachen Kartenspiel testete Damasio nun die Lernfähigkeit dieser Patienten und kam zu dem Schluss, dass „wirkliches Lernen nicht stattfinden kann, wenn die Emotionen und das Körpergefühl vom Denken abgespalten (dissoziiert) sind". (Bewegung, das Tor zum Lernen)

Das hat durchaus einen Sinn. Alle unsere Erfahrungen, die wir im Laufe unseres Lebens machen, sind eng mit Emotionen verknüpft. Ob wir nun von der Schaukel fallen, das erste Mal im Meer schwimmen, eine negative Schularbeit zurückbekommen, eine neue Wohnung beziehen oder heiraten – immer sind Emotionen mit dabei, die mit der konkreten Erfahrung im Gehirn gespeichert werden, ob wir uns nun daran erinnern oder nicht. Stehen wir vor einer Entscheidung, so bedient sich unser Gehirn dieser alten Erfahrungen, und die gleichzeitig hochkommenden Emotionen (vielleicht in der Gestalt eines unguten Gefühls im Bauch) sollen uns helfen, gemeinsam mit dem logischen Denken die Entscheidungen zu treffen, die unser Überleben garantieren. Auch wenn wir schon lange nicht mehr direkt bedroht sind, so arbeiten unser Gehirn und unser Körper nach wie vor sehr „altmodisch"!

Auch das Erlernen gesellschaftlicher Spielregeln wird durch Emotionen erleichtert. Wenn wir etwas Neues lernen (wobei hier „lernen" wieder nicht auf schulisches Lernen begrenzt sein soll), dann wird diese Erfahrung im limbischen System mit den bisher gemachten Erfahrungen (und natürlich den daran hängenden Emotionen) verglichen. Ist nun die Erfahrung positiv, so ist Lernen möglich, d.h., das Netzwerk, in dem schon eine ähnliche Information gespeichert ist, wird ausgebaut. Kann mit dem Lernstoff eine positive Erfahrung verknüpft werden, so sind wir auch emotional bereit zum Lernen. Das gilt natürlich für Lernen überhaupt. Haben wir eine emotional positive Einstellung allem Neuen gegenüber, so lernen wir leichter und besser, haben wir hingegen mit neuen Erfahrungen immer negative Gefühle verbunden, wird auch das Lernen neuer Dinge für uns nicht leicht.

In diesem Sinne ist auch klar, dass Schulangst, Stress, Mobbing unter Schülern usw. Lernen stark einschränkt, wenn nicht unmöglich macht. Schon aus diesem Grund sollte für eine entspannte, emotional sichere Atmosphäre an Schulen gesorgt werden!

Wir haben nun allerdings nicht nur ein Großhirn, nein, unser Neokortex ist in zwei Hälften geteilt, die zwar gleich aufgebaut sind (jede verfügt über Hinterhaupt -, Scheitel-, Schläfen – und Stirnlappen), die aber Informationen anders verarbeiten.

Gewöhnlich ist die linke Hemisphäre die „logische, analytische" und zuständig für das rationale Denken, für Zahlen, für die Grammatik einer Sprache, Technik, für den Gebrauch bestimmter Werkzeuge...Die rechte Hälfte ist die kreative, zuständig für Emotionen, künstlerische Gestaltung, Musik, ganzheitliches Verständnis von Problemen, Rhythmus von Sprache usw. Verbunden werden die beiden Hälften durch den sogenannten „Balken".

Die beiden Gehirnhälften funktionieren gegengleich, die linke Seite steuert die sensomotorischen Funktionen der rechten Körperhälfte, während die linke Körperseite von der rechten Gehirnhälfte gesteuert wird.

Wirklich gut lernen können wir nur, wenn die beiden Gehirnhälften zusammenarbeiten. Beim reinen Auswendiglernen aber wird die rechte, kreative Hälfte zum Stillhalten verurteilt, das Lernen fällt dann dementsprechend schwer. So wie wir zwar eine bestimmte Strecke auf einem Bein hüpfend zurücklegen können, aber leichter ist es auf beiden Beinen!

Lernmaterialien, die so wie die Montessorimaterialien alle Sinne – und beide Gehirnhälften – ansprechen, erleichtern das Lernen und helfen vor allem auch, das Gelernte länger zu behalten als ein paar Stunden.

In diesem Zusammenhang sind alle Arten von Überkreuzbewegungen wichtig: Die erste und natürlichste ist das Krabbeln. In dieser Zeit lernen wir, die Mittellinie des Körpers zu überqueren, wodurch wir nicht zuletzt aufs Lesen und Schreiben vorbereitet werden. Auch bei diesen Tätigkeiten müssen ja unsere Augen, unsere Hände und schließlich unser Denken von links nach rechts über die Mitte des Papiers gleiten.

Es gibt inzwischen etliche Lernberater, die das Ausfallen der Krabbelphase durchaus mit späteren Lernstörungen in Verbindung bringen.

Teil C: Für Sie als Eltern/Pädagogen bedeutet das

„Begreifen heißt erfinden", sagte der Psychologe Jean Piaget, der in einem umfassenden Lebenswerk die Entwicklung des Kindes dokumentierte. Keine noch so gute Erklärung kann zum Beispiel dem Kind begreiflich machen, was der Begriff „glatt" bedeutet, wenn es ihn nicht durch Berühren und Vergleichen selbst erfahren kann. Eine glatte Rinde fühlt sich anders an als ein glatter Boden, glattes Eis ist wieder etwas ganz anderes!

Jedes Mal, wenn das Kind so eine Sinneserfahrung machen darf, bilden sich also Netzwerke im Gehirn aus, Erfahrungen werden gemeinsam mit Emotionen gespeichert, die ihrem Kind später vielleicht nützlich sein können. (Wie heißt es doch so schön: Nicht für die Schule, für das Leben lernen wir!)

Lassen Sie Ihr Kind alle Arten von Sinneserfahrungen machen, die es möchte. Es gibt unzählige Möglichkeiten dafür. Beim Kochen kann man, bevor man schnell, schnell würzt, zuerst einmal die Gewürze riechen und teilweise vorsichtig kosten: Zimt, Nelken, Thymian, Basilikum, Knoblauch, frischen Schnittlauch.... welche Sinneswelt tut sich da auf! Oder wissen Sie noch, wie herrlich Gras nach einem Regenguss riecht? Und wie klar und herrlich die Gegend danach aussieht? Und wie unterschiedlich fühlen sich die Rinden von Buche oder Eiche an! Wie herrlich fühlen sich in Wasser eingeweichte Zeitungsschnipsel an! Welche Wonne, in einer Schüssel Getreide zu wühlen!

Ermöglichen Sie dem Kind so oft wie möglich, in den Wald zu gehen! In einem gepflegten Park mitten in der Stadt sind nicht nur Bäume und Sträucher beschnitten, auch unsere Sinneserfahrungen sind dort nur eingeschränkt möglich! Allein der Autolärm, der meist auch mitten in einem Park zu hören ist, ist ein Grund dafür!

Geben Sie Ihrem Kind Gelegenheit zum Gatschen, Manschen, Kneten. Fingermalfarben auch für den Körper (in der Badewanne oder im Freien), Sand, Wasser, Ton, Salzteig, auch Keksteig bieten sich hier an. Salzteig ist übrigens ein ideales Material, einfach und billig herzustellen (Rezept im Anhang), er ist ungiftig (wird aber meist nur einmal gekostet!), er kann mit Lebensmittelfarbe (zum Beispiel Ostereierfarbe auf Vorrat kaufen) eingefärbt werden. In Plastikdosen aufbewahrt, hält er einige Zeit, wenn er schlecht ist, kommt er zum Biomüll oder auf den Kompost. Wenn etwas hinunterfällt und man sieht es nicht gleich, ist es kein Malheur, getrocknete Stückchen lassen sich leicht mit einem Messer lösen. Zum Spielen kann man Ausstechformen, Teigroller, Zahnstocher, Knoblauchpresse (gibt super „Haare") hergeben. Fertige Werkstücke kann man an der Luft oder bei geringer Hitze im Backrohr trocknen und anschließend bemalen.

Gehen Sie doch auch einmal bei Nacht mit Ihrem Kind hinaus! Wie anders ist die Welt bei Nacht, auch wenn der Sternenhimmel in der Stadt nicht so überwältigend ist wie am Meer. Aber es ist meistens ruhiger, keine Vögel sind zu hören, der Mond scheint...Kinder sind fasziniert von der Nacht und sehr arm, wenn ihnen dieses Erlebnis nie gegönnt wird! Auch Spiele im Dunkeln sind beliebt, z.B. Fangen spielen mit dem Strahl einer Taschenlampe oder Ball spielen mit fluoreszierenden Bällen.

So gibt es täglich genug Gelegenheiten, um dem Kind zu erlauben, seine Sinne zu schulen. Wir müssen es nur zulassen! Sinnesschulung heißt, wie schon angedeutet, auch einmal schmutzige Hände zu bekommen, Dinge anzugreifen, die uns Erwachsenen vielleicht nicht ganz hygienisch vorkommen, experimentieren und forschen, wobei die Wohnung nicht immer so aussehen wird, wie wir es uns wünschen...

Außerdem kostet es leider das, wovon wir heute am wenigsten haben: Zeit! Wenn wir aber bedenken, welchen Schatz wir unseren Kindern mitgeben, kann man die Zeit dafür hoffentlich leichter aufbringen!

4. KAPITEL:

„DER RICHTIGE ZEITPUNKT"

Teil A: Die freie Wahl der Arbeit und der „innere Bauplan" des Kindes

Aus all dem, was wir bisher über die Entwicklung des Gehirns erfahren haben, geht deutlich hervor, dass wir nur einen geringen Teil der Entwicklung des Kindes beobachten und dokumentieren können: seine äußere Entwicklung. Wir können feststellen, wann es seinen ersten Schritt tut, sein erstes Wort spricht, seinen Namen schreiben kann – der größte Teil seiner Entwicklung läuft jedoch im Inneren ab, im Gehirn, und ist für uns daher nicht nachvollziehbar. Aus diesem Grund können wir nur ahnen, welche Bedürfnisse unsere Kinder haben, was sie gerade als Anregung brauchen, wofür sie sich besonders interessieren könnten, oder auch warum sie eine bestimmte Tätigkeit ausführen wollen oder gerade eine bestimmte Sache haben möchten.

Maria Montessori nannte diese Vorgänge im Kind, die wir nur erahnen können, den „inneren Bauplan des Kindes". Das bedeutet nichts anderes, als dass die Anlage, etwas Neues zu lernen, in jedem Menschen von Geburt an vorhanden ist. Jedes gesunde Kind will gehen lernen, will sprechen lernen, will irgendwann einmal Saft einschenken und seine Schuhe zubinden können. Wann das der Fall ist, ist jedoch unterschiedlich, aber der „Bauplan" ist da. Dies ist auch bei Emmi Pikler ein ganz wesentlicher Aspekt: Das Kind soll nicht zu Bewegungen oder Positionen animiert werden, zu denen es von sich aus noch nicht fähig ist (zum Beispiel das Aufsetzen eines Kindes, das noch nicht sitzen kann).

Ein kleines Beispiel: Damit ein Kind sauber werden kann, müssen viele Dinge zusammenkommen: Erstens muss es die Vorgänge rund um Blase und Darm spüren, es muss merken, wenn es „los geht". Dafür müssen erst einmal die Nervenbahnen zwischen Blase/Darm und Gehirn ausgereift sein. Wie wollen wir von außen feststellen, wann diese Entwicklung abgeschlossen ist? Dann müssen die Muskeln so weit entwickelt sein, dass das Kind sie beherrschen kann, dass es also kurz warten kann, bis zum Beispiel die Hose aufgemacht und hinuntergezogen ist. Außerdem sollte es sich so weit artikulieren können, dass es seiner Umwelt überhaupt mitteilen kann, dass es auf die Toilette oder aufs Töpfchen muss. Einzig und allein das können wir von außen feststellen, ob das Kind sich uns mitteilen kann. Alle anderen Vorgänge laufen im Inneren ab, wir müssen die Zeit und die Geduld aufbringen, bis das Kind uns zeigt, dass es reif ist für den nächsten Entwicklungsschritt, das Sauber werden. Und dann kann das von einer Woche auf die andere und ganz ohne Probleme funktionieren!

„Die ganze Entwicklungsarbeit, die das Kind leistet, wird von Gesetzen bestimmt, die wir nicht kennen, und folgt dem Rhythmus einer Aktivität, die uns fremd ist." (Grundlagen meiner Pädagogik)

Wie schon erwähnt, wusste Maria Montessori nichts von der Entwicklung der Gehirnstrukturen, aber sie ahnte doch, dass da mehr war als bloßes Gehen lernen, Sprechen lernen, Rechnen und Schreiben lernen. Sie erfuhr auch in ihrer täglichen Arbeit mit Kindern, dass es günstiger ist, als Erwachsener nicht immer einzugreifen und alles besser zu wissen.

„Wir versuchen nicht, diese geheimnisvollen Kräfte zu ergründen, sondern wir achten sie als Geheimnis im Kind, das nur ihm allein gehört. Die Hilfe, die wir zu geben vermögen, liegt in der äußeren Welt." (Grundlagen meiner Pädagogik)

Diese Hilfe liegt bei Maria Montessori in der sogenannten „Vorbereiteten Umgebung" und in der „Freien Wahl der Arbeit".

Zuerst zum Begriff der „Vorbereiteten Umgebung". Eine für Kinder vorbereitete Umgebung enthält Materialien, von „Spielzeug" bis zu Lernmaterialien, die der zuständige Erwachsene durch genaue Beobachtung des Kindes für dieses bereitstellt, seinen Bedürfnissen, seinen Fähigkeiten angepasst. Die genaue Beobachtung ist Voraussetzung, da wir als Erwachsene nicht bestimmen sollten, womit das Kind sich beschäftigt – nachdem die Entwicklung des Gehirns für uns nicht einsichtig ist, können wir nie sagen, was das Kind braucht. Wir können aber die kleinen und großen Signale deuten, die das Kind uns gibt, und darauf reagieren.

Diese Vorbereitete Umgebung ändert sich natürlich ständig, da sich das Kind entwickelt und sich damit auch seine Bedürfnisse ändern.

Ist die Umgebung gut auf die Bedürfnisse des Kindes abgestimmt, so kann das Kind aus dem vorhandenen Angebot seine Tätigkeit frei wählen und diese so oft wiederholen, wie es das möchte – das ist die freie Wahl der Arbeit.

„Die freie Wahl ist die höchste Tätigkeit: Nur das Kind, das weiß, was es benötigt, um sich zu üben und sein geistiges Leben zu entwickeln, kann wirklich frei auswählen." (Das kreative Kind)

Mit diesem Satz spricht Maria Montessori ein Problem an, das in Zusammenhang mit dieser Freiheit auftreten kann. Es ist nicht immer einfach für ein Kind zu wissen, was es will. Um wirklich frei wählen zu können, sind einige Voraussetzungen nötig:

Das Kind muss sich in der Umgebung absolut sicher fühlen. Zuerst einmal geht es hier um die äußere Sicherheit. Der betreuende Erwachsene muss zum Beispiel in einem Kindergarten für eine entspannte Atmosphäre sorgen; dazu gehören so banale Dinge wie genügend Platz für einzelne Kinder, aber auch für spielende Gruppen, ein nicht zu knapper Freiraum, in dem das Kind sich bewegen kann, ohne ständig auf Grenzen zu stoßen. Sätze wie „Pass auf, nicht so schnell", „Greif das nicht an!", „Lass das!", „Sei leiser!" usw. verunsichern auf die Dauer massiv, das Kind traut sich nichts mehr zu tun.

Wesentlich ist auch ein achtsamer Umgang mit Konflikten sowohl zu Hause als auch in Betreuungseinrichtungen: Ständiges Einmischen ist nicht zielführend, es muss aber Regeln geben, die für alle gelten, wie zum Beispiel nicht zu schlagen, sich nicht über den anderen lustig zu machen usw. Es darf kein Kind ausgegrenzt oder ausgelacht werden; Kinder, die immer andere dominieren, können zwischendurch „eingebremst" und schüchterne Kinder zu Aktivitäten ermutigt werden, sodass ein entspanntes soziales Gleichgewicht entsteht.

Die Rolle des Erwachsenen ist es, darauf zu schauen, dass die Regeln eingehalten werden, die Kinder müssen immer wieder daran erinnert werden. Und man muss sich natürlich als Erwachsener auch daran halten!

Sicherheit geben auch Rituale und ein einigermaßen fixer Tagesablauf. Auch Grenzen geben Sicherheit, wenn es nur einige wenige, sinnvolle sind.

Sicherheit gibt neben diesen äußeren Komponenten auch unsere Einstellung dem Kind gegenüber. Trauen wir ihm etwas zu oder haben wir bei all seinen Tätigkeiten Angst, dass „etwas passiert, dass es etwas anstellt"? Nehmen wir das Kind an, wie es ist, oder nörgeln wir ständig herum und zeigen ihm, dass wir es lieber hätten, wenn es anders wäre?

Hier ist die Montessoripädagogik wohl ein ganz großer Vorreiter gewesen, denn mit Maria Montessori hat sich die Einstellung dem Kind gegenüber schlagartig gewandelt. Kinder waren für sie nicht unbeschriebene Blätter, die man möglichst rasch mit unseren Erwachsenvorstellungen voll schreiben soll, sondern sie hat Kinder von klein auf ernst genommen, als Persönlichkeit anerkannt und versucht, die Welt von ihrem Standpunkt aus zu sehen.

Eine weitere Bedingung, damit das Kind sich wirklich frei entscheiden kann, ist Geduld von Seiten des Erwachsenen, zum Beispiel bei Kindern, die neu im Kindergarten sind und es nicht gewöhnt sind, sich frei zu entscheiden. Oder wenn Sie ihr Kind bis jetzt zu sehr gegängelt haben und nun gern hätten, dass es anfängt, sich selbst zu beschäftigen. Montessori bezeichnet diese Phase als eine „Periode des Übergangs", in der das Kind von einem Material zum andern flattert, dieses und jenes ausprobiert und eher chaotisch wirkt als zufrieden, ausgeglichen und diszipliniert. Hier ist die Versuchung oft groß, erst recht einzuschreiten und das Kind zu beschäftigen, weil es uns dann vordergründig im Moment ruhiger erscheint. Hat man aber Geduld und lässt das Kind zu sich kommen und seine wahren Bedürfnisse entdecken, so erlebt man richtige Wunder.
„Das Kind, das sich konzentriert, ist unermesslich glücklich; es ignoriert den Nachbarn und die, die sich um es herum bewegen." (Das kreative Kind).
Ich konnte persönlich immer wieder diese große Konzentration und Disziplin erleben, zu der Kinder fähig sein können, und ich glaube Frau Montessori, wenn sie sagt: „Die innere Konzentration ist ein Phänomen, das man bei allen unseren Kindern erlebt, das von größter Wichtigkeit für das innere Wachstum ist....." (Grundlagen meiner Pädagogik)
Jeder, der eine Montessorischule – oder einen Kindergarten besucht, kann diese Konzentration spüren. Den Besuchern fällt als erstes auf, wie leise es in solchen Einrichtungen ist, obwohl doch in allen Ecken, am Boden und an allen Tischen die Kinder in die verschiedensten Aktivitäten vertieft sind!

Maria Montessori ist absolut dagegen, dass man dem Kind eine Tätigkeit vorschreibt. „Die erzwungene Arbeit schadet dem Kind, weil durch sie der erste Arbeitswiderwille entsteht."
Können die Kinder jedoch frei entscheiden, so arbeiten sie „freiwillig, voll Freude und voll tiefem Interesse. Sie werden nicht müde von der Arbeit, sondern glücklich." (Grundlagen meiner Pädagogik)
Auch diese Beobachtung kann ich aus meiner eigenen Erfahrung bestätigen.

TEIL B : „Neurobiologische Gedanken" zum Thema „Alles hat seine Zeit"

Die wichtigste Erkenntnis dieses Kapitels ist die, dass jedes Kind anders ist. Altersangaben bezüglich Entwicklung sind immer nur eine sehr vage Angelegenheit, es gibt Dutzende Kinder, die sich der Norm gemäß entwickeln und ebenso viele, die aus dieser Norm herausfallen und sich trotzdem bestens entwickeln.

Ob sich ein gesundes Kind schneller oder langsamer entwickelt, ob es mit eineinhalb Jahren oder erst mit zwei Jahren oder noch später zu sprechen beginnt, das sagt nichts über die Intelligenz des Kindes aus. Es gibt Entwicklungsverzögerungen auf körperlichem Gebiet, es gibt körperlich gut entwickelte Kinder, die geistig noch um Stufen zurück sind- wichtig ist es, das Kind als Ganzes zu sehen, ihm Zeit zu lassen, es nicht ständig mit anderen Kindern zu vergleichen, und es schließlich so anzunehmen wie es ist!

Wie wir im vorigen Kapitel gesehen haben, müssen für jede Tätigkeit „Muster" im Gehirn gebildet werden. Nun können wir ganz sicher nicht von außen feststellen, ob ein Kind irgendetwas schon genug geübt hat, ob sein Muster schon perfekt ist. Das weiß das Kind am besten.

So ist zum Beispiel die Phase, in der ein Kind noch nicht sprechen kann, sehr wichtig, damit es nonverbale Kommunikationsstrukturen erlernt. Ein Kind erkennt dann auch ohne mit einer Person zu sprechen, ob sie es mag, ob das, was die Person sagt, auch wirklich so gemeint ist, ob sie gut oder schlecht gelaunt ist. Wird diese Phase übergangen und das Kind durch irgendwelche Förderprogramme zu früh zum Sprechen animiert, so kann es auch im späteren Leben nur das hören, was jemand sagt, aber nicht die Botschaft, die dahinter steht. Menschliche Kommunikation besteht aber zu einem Großteil aus nonverbaler Kommunikation! Kann man diese nicht deuten, hat man immer Probleme im Umgang mit Menschen.

Gerade bei der geistigen Reife können wir also durch Hetzen und Drängen mehr zerstören als helfen. Kinder, die sehr früh abstrakte, logische Probleme lösen können, haben oft zum Beispiel grundlegende Mängel auf emotionalem Gebiet. (Hier verweise ich auf die Bücher von Prof. Hüther!) Ich denke, es ist kein Zufall, dass Begriffe wie „emotionale Intelligenz" oder „soziales Lernen" gerade heutzutage auftauchen. Diese wesentlichen Dinge gehen immer mehr verloren. Ein kleines Beispiel: Immer mehr Frauen entscheiden sich – aus welchen Gründen auch immer - freiwillig für einen Kaiserschnitt statt für die normale, natürliche Geburt . Gerade die Vorgänge bei der Geburt sind es aber, die unter anderem die Entwicklung des limbischen

Systems „starten". Welche Nachteile hat eine Geburt, bei der diese natürlichen Abläufe verhindert werden, auf die Entwicklung des Gehirns? Diese Frage ist wohl noch nicht einmal im Ansatz beantwortet!

Und wie wir beim Beispiel des Sauberwerdens gesehen haben, ist die Entwicklung eines Kindes äußerst komplex, es müssen so viele verschiedene Faktoren zusammenspielen, damit der nächste Entwicklungsschritt möglich ist! Von außen zu bestimmen, wann das Kind für eine bestimmte Tätigkeit „reif" ist, ist wirklich unmöglich. Wenn man Vertrauen in den „inneren Bauplan" hat, wenn man abwarten kann, dem Kind Zeit lässt, dann wird man seine wahren Wunder erleben, man wird merken, wie kompetent ein Kind ist, dass es Dinge kann, die man ihm vielleicht nie zugetraut hätte.

Das sind dann wunderschöne Momente im Zusammenleben oder in der Arbeit mit Kindern!!

TEIL C : Für Sie als Eltern/Pädagogen bedeutet das

Versuchen Sie von Anfang an, Ihrem Kind die Entscheidung zu überlassen, womit es sich beschäftigt und wie lange es mit den einzelnen Gegenständen spielen möchte. Beobachten Sie es gut und versuchen Sie herauszufinden, was es brauchen könnte. Nehmen Sie sich dazu bewusst einmal am Tag ein paar Minuten Zeit, setzen Sie sich zu ihrem Kind und schauen Sie ihm zu, ohne mit ihm zu spielen. Nehmen Sie ihr Kind als Ganzheit wahr, nehmen Sie seine Art wahr, an Dinge heranzugehen, versuchen Sie, die Umgebung und ihr Leben mit seinen Augen zu sehen. Wenn sich aus diesen „Wahrnehmungsminuten" ein Spiel oder ein Gespräch ergibt, so ist das in Ordnung, es sollte nur nicht der eigentliche Zweck sein. Der eigentliche Zweck sollte die Beobachtung und Wahrnehmung, das Kennen lernen ihres Kindes sein.

Wenn Sie zum Beispiel beobachten, dass es alles aufhebt und einsammelt, so sorgen Sie dafür, dass genügend kleine Dinge zum Sammeln und genügend Behälter zum Hineingeben vorhanden sind. Bemerken Sie, dass Ihr Kind (oft schon mit ca. 3 Jahren) erstes Interesse an Buchstaben zeigt, so stellen Sie möglichst viele Materialien zur Verfügung, die mit Buchstaben zu tun haben: Prospekte, aus denen man große Buchstaben ausschneiden kann, Salzteig zum Formen, backen Sie vielleicht einmal Buchstaben aus einem einfachen Brotteig, stellen Sie großes Papier und viele verschiedene Farben zur Verfügung, auch Sand zum Hineinschreiben, eine Schultafel, ein Whiteboard, großes Packpapier – die ersten Schreibversuche sind grobmotorisch, das Kind sollte nicht gezwungen sein, jetzt schon klein zwischen den Zeilen zu schreiben, weil es nur ein Heft zur Verfügung hat.

Diese Phase vergeht dann wieder, sie ist aber wichtig für das spätere Schreiben lernen! Für diese erste Annäherung an Buchstaben ist es übrigens auch ganz normal, wenn Kinder ihren Namen in Spiegelschrift schreiben oder beim „E" fünf Querstriche machen – das ist im Moment ihre Sicht der Dinge, ihre Wahrnehmung! Korrigieren hat nicht viel Sinn, weil das Kind eben seine Wahrnehmung aufzeichnet und den Unterschied noch nicht merkt, es wird durch Kritik eher verunsichert.

Später, wenn es sich weiter entwickelt hat, wird es von selber draufkommen, dass ein „E" nur drei Striche braucht.

Nehmen Sie auch als Tagesmutter oder Kindergärtnerin immer wieder bewusst eine „Auszeit", in der Sie die Kinder nur beobachten! Meist fällt es anfangs schwer, dazusitzen und scheinbar nichts zu tun. In Wirklichkeit ist das aber die wichtigste Tätigkeit, wenn wir mit Kindern arbeiten!

Man lernt die Kinder von einer ganz anderen Seite kennen, man erkennt ihre Fähigkeiten und Stärken, man gewinnt selbst an Ruhe und Gelassenheit ....Solange man mitten im Geschehen ist, kann man meist nur Details erfassen. Erst als unbeteiligter Zuschauer wird man fähig, ganzheitlich wahrzunehmen! Es ist schwer, das alles in Worte zu fassen. Probieren Sie es einfach einmal regelmäßig über einen längeren Zeitraum aus!

Lassen Sie sich auch vom Begriff der „Vorbereiteten Umgebung" nicht einschüchtern. Ich kenne Mütter, die richtige Ehrfurcht vor diesem Begriff haben, die glauben, wer weiß was dafür nötig ist, und dass sie sicher nie fähig sein werden, so eine vorbereitete Umgebung für ihr Kind zu schaffen. Dieser Ausdruck wurde von Maria Montessori geprägt und bis heute von Pädagogen übernommen, er bezeichnet ganz einfach eine Umgebung, die auf die Bedürfnisse des jeweiligen Kindes abgestimmt ist. Es sind keine bestimmten Materialien „vorgeschrieben" oder nötig, das wäre ja auch paradox, weil eben jedes Kind anders ist. Zu Hause genügen z.B. bei einem Kind bis ca. 3 Jahren einfache Haushaltsgegenstände, Dosen, Töpfe, Trichter, Becher, leere, saubere Blumentöpfe, Bälle verschiedener Größen und Beschaffenheit, leere Zwirnspulen, einfache Bausteine, Holzklötzchen, Blätter, Rindenstücke, Kieselsteine, Kastanien.....
Spielzeug zu kaufen wäre eigentlich völlig unnötig! Später sollten dann Dinge zum Schütten und Sortieren dazukommen, Mal – und Bastelutensilien, Knetmassen (Ton, Salzteig....), immer Wasser und Sand und viel Möglichkeit zur Bewegung.

In einem Kindergarten hat man natürlich mehrere Kinder mit unterschiedlichen Bedürfnissen, daher wird auch die Auswahl größer sein, da man ja versuchen muss, möglichst vielen Kindern gerecht zu werden.

Eines gilt allerdings immer, egal ob zu Hause oder im Kindergarten: Das Angebot sollte immer überschaubar sein und das Material so hergerichtet, dass das Kind es selbst nehmen kann. Vollgestopfte Regale, aus denen die Hälfte herausfällt, wenn man ein Material nehmen will, hemmen die freie Wahl. Ein Kinderzimmer oder Wohnzimmer, dessen Boden übersät ist mit Spielzeug, hindert das natürliche Spiel. Die Devise ist hier: „Weniger und einfacher ist besser!". Haben Sie viel Spielsachen für ihr Kind, so sortieren Sie aus, geben Sie einen Teil in Kartons und räumen Sie sie weg. Nach ein paar Wochen oder Monaten kann man dann austauschen – und das Kind hat auf einmal wieder Freude an Dingen, die es vorher nicht mehr angeschaut hat!

Kaufen Sie Spielsachen auch immer sehr kritisch und fragen Sie sich, ob Sie das wirklich für ihr Kind kaufen möchten oder weil es Ihnen persönlich so gut gefällt! Ich habe da so meine eigenen Erfahrungen und weiß, dass es nicht leicht ist, an manchen Spielsachen vorbeizugehen – sie sind wirklich zu schön, zu toll, zu interessant, und im tiefsten Inneren hätte man sie einfach selber gern. Aber versuchen Sie doch, das eine oder andere nicht zu kaufen und vielleicht das Geld zu sparen – die Wünsche werden später nicht kleiner, wenn die Kinder größer werden. Spätestens der Führerschein kostet eine Menge Geld! Oder kaufen Sie etwas Schönes für die ganze Familie, eine Kamera zum Beispiel, um unvergessliche Momente festzuhalten. Oder machen Sie mit dem gesparten Geld eine Urlaubsreise mehr, wenn die Kinder größer sind.

Manchmal muss man auch den Mut haben, Dinge auszuprobieren. Man kann nicht immer gleich das finden, was das Kind interessiert. Manche Spiele sprechen zum Beispiel uns Erwachsene sehr an, Kinder gar nicht so besonders. Auch von Kind zu Kind gibt es große Unterschiede. Das eine begeistert sich dafür, Türme aus herkömmlichen Bausteinen zu bauen, das andere versucht es prinzipiell mit Materialien, die dafür nicht so geeignet sind wie zum Beispiel mit Steinen oder Bechern, und man muss es öfter trösten, weil es ihm nicht gelingt. Wir können immer nur Angebote machen, annehmen müssen sie die Kinder. Sehen wir, dass das eine Angebot nicht so gut ankommt, so muss man es wegräumen, austauschen. Es ist keine Niederlage, wenn wir nicht das Passende gefunden haben, es gehört zum Elternsein dazu, dass man mit seinem Kind gemeinsam auf der Suche ist- auch auf der Suche nach den passenden Spielsachen und Materialien!

Auch aus diesem Grund ist es günstiger, keine zu teuren Dinge zu kaufen, denn dann fällt es uns leichter zu akzeptieren, wenn das Kind sie nicht mag. Bei teuren Spielsachen ist die Versuchung groß, sie dem Kind immer wieder „unterzujubeln". „Jetzt hab ich so viel Geld ausgegeben, spiel doch damit!". Das Kind spürt unseren Ärger und wird auf jeden Fall verunsichert, egal, ob es sich brav anpasst und mit dem Zeug spielt oder ob es sich weigert. Aber sicherlich möchte doch niemand sein Kind mit Spielsachen in eine Stresssituation bringen !

ANHANG

MARIA MONTESSORI

Maria Montessori wurde am 31.8.1870 in der Provinz Ancona in Italien geboren.
Sie war schon als Kind stark und zielsicher. Mit 12 Jahren entschied sie sich, nicht auf
das für Mädchen übliche Gymnasium zu gehen, sondern eine technische Schule für
Jungen zu besuchen. Sie hatte großes Interesse an Mathematik und ließ sich auch
durch das damalige Schulsystem ihre Individualität nicht nehmen.
Nach der Schule beschloss sie, Medizin zu studieren, was damals für Frauen eigentlich
nicht möglich war. Sie setzte sich jedoch auch hier durch, und trotz der Schwierig-
keiten, die ihr während des Studiums in den Weg gelegt wurden, schloss sie es 1896
als erste Frau Italiens in Rom ab.
Anschließend erhielt sie eine Anstellung als Assistenzärztin an der Universitätsklinik
in Rom (1897), 1899 eröffnete sie eine eigene Arztpraxis. Durch ihre Arbeit als
Ärztin hatte sie erste Kontakte zu „schwachsinnigen" Kindern, die damals eher in
Gefängnissen gehalten als gefördert oder pädagogisch betreut wurden. Montessori
war überzeugt, dass diese Kinder eine Beschäftigung brauchen und
stieß bald auf die Arbeit der frz. Ärzte Séguin und Itard, die beide Übungsmaterialien
zur sensomotorischen Schulung behinderter Kinder entwickelt hatten.
Ihr Interesse an Kindern war geweckt, und sie begann Psychologie und Pädagogik
zu studieren.
1904 erhielt sie einen Lehrstuhl für Anthropologie an der Uni Rom (bis 1908), und
begann anthropologische Untersuchungen an verschiedenen pädagogischen Einrichtungen. An der Clinica Psichiatrica in Rom leitete sie Forschungen und arbeitete mit
dem Assistenzarzt Guiseppe Montesano zusammen. 1900 wurde sie Leiterin eines
pädagogischen Instituts und bildete dort 2 Jahre lang Lehrer aus, Montesano war
der 2. Schulleiter.
Montessori begann ihre Pädagogik in Vorträgen und Seminaren zu formulieren,
machte Erfahrungen mit dem Material von Séguin und begann, es selbst weiterzu-
entwickeln und auch für nichtbehinderte Kinder anzuwenden.
1901 verließ sie das Institut wohl aus persönlichen Gründen. Im März 1898 hatte
sie einen Sohn, Mario, von Guiseppe Montesano bekommen, es kam aber nicht

zur Heirat...... im katholischen Italien der damaligen Zeit schlimm! Mario wurde zu einer Amme aufs Land gegeben, erst als junger Mann sollte er erfahren, wer seine Mutter war.

1907 wurde das erste Kinderhaus „Casa di Bambini" in San Lorenzo, einem slumähnlichen Vorort Roms, eröffnet. Es wurden so große pädagogische Erfolge erzielt, dass die Methode Montessoris sehr schnell bekannt wurde.

1909 erschien ihr erstes Buch, in deutscher Ausgabe 1913: „Selbsttätige Erziehung im frühen Kindesalter". Bald gab es erste Kurse zur Einführung in die Montessorimethode in Rom und weitere Kurse in Barcelona, London, Paris und Indien.

1929 gründete Maria Montessori zusammen mit ihrem Sohn Mario, der ihr engster Mitarbeiter geworden war, die Dachorganisation AMI (Association Montessori Internationale).

In vielen Ländern entstanden daraufhin Montessorieinrichtungen. Während des spanischen Bürgerkrieges, des Faschismus in Italien und des Nationalsozialismus in Deutschland wurden sie jedoch wieder geschlossen, auch in kommunistischen Ländern waren sie nicht erlaubt. Bei Ausbruch des 2. Weltkrieges war Montessori mit Mario in Indien, um Kurse abzuhalten. Sie wurden von den Alliierten interniert und bildeten in diesen fast 7 Jahren mehr als 1000 Lehrer aus.

Nach dem Krieg kehrten sie nach Europa zurück, Maria Montessori war 75 Jahre alt, hielt aber trotzdem noch Kurse ab.

Am 6.5.1952 starb Maria Montessori in Holland.

EMMI PIKLER

Emmi Pikler wurde 1902 in Wien geboren und verbrachte ihre frühe Kindheit dort. 1908 zogen ihre Eltern nach Budapest. Ihre Mutter starb, als Emmi 12 Jahre alt war. Emmi Pikler wollte Kinderärztin werden, und zum Medizinstudium ging sie nach Wien zurück. Sie promovierte 1927 und absolvierte anschließend die Fachausbildung an der Wiener Universitäts – Kinderklinik und an der Kinderchirurgie. Beide Kliniken waren zur damaligen Zeit sehr bekannt. Beide Leiter, Prof. Pirquet an der Kinderklinik und Prof. Salzer auf der Chirurgie, beeindruckten Emmi Pikler sehr. Das war zuerst einmal die Einstellung den Kindern gegenüber: Sie wurden mit viel Geduld und Freundlichkeit behandelt, so dass ihnen schnell die Angst genommen wurde. Es gab auch Spielecken für die Kinder, die nicht im Bett liegen mussten, keines wurde zum

Essen gezwungen; auch Ärzte mussten Pflegedienste machen. Und man beschäftigte sich nicht nur mit dem Heilen von Krankheiten, sondern es wurde viel Wert darauf gelegt, das gesunde Kind gesund zu erhalten!

Emmi Pikler heiratete einen sehr aufgeschlossenen Mathematiker und Pädagogen, und sie beschlossen gemeinsam, ihrem ersten Kind so viel Bewegung wie möglich zu gestatten.1935 wurde Emmi Pikler auch in Ungarn als Kinderärztin anerkannt und sie eröffnete eine eigene Praxis. Aber auch sie beschränkte sich nicht auf die Behandlung kranker Kinder. Sie wurde viel eher eine „Familienärztin", sie besuchte die Familien auch zu Hause und beriet die Eltern in pädagogischen Fragen. Ihr Ziel war die gesunde Entwicklung des Kindes.

In dieser Zeit begann sie bereits, über ihre Arbeit und über ihre Art, Kinder zu pflegen und zu erziehen, Vorträge zu halten und Artikel zu schreiben, daraus wurde dann 1940 ihr erstes Buch.

Diese Arbeit als Kinder – und Familienärztin übte Emmi Pikler bis 1945 aus, gerade während des zweiten Weltkriegs. Es war eine schwere Zeit für sie, erstens wegen ihrer jüdischen Herkunft und zweitens, weil ihr Mann 9 Jahre lang aus politischen Gründen inhaftiert war. Die Eltern der Kinder, die sie betreute, halfen ihr in dieser Zeit, was wohl schon zeigt, dass Dr. Pikler für sie mehr als bloß eine Ärztin war.

1946 wurde ihr die Leitung des Säuglingsheimes Lózcy übertragen, die sie bis 1979 innehatte.

Durch sie wurde dieses Heim bald berühmt, da die von ihr betreuten Kinder nicht unter Hospitalismus litten, wie es in anderen Einrichtungen üblich war. Die Bücher, die sie in der Folge herausgab, trugen auch dazu bei, dass ihre Pädagogik rasch populär wurde.

Emmi Pikler starb 1984. Heute leitet ihre Tochter Anna Tardos das Lózcy, das leider finanziell immer wieder sehr bedroht ist.

Zwei Punkte, die dieses Heim so außergewöhnlich machen und die Pädagogik Emmi Piklers ein bisschen charakterisieren, möchte ich hier erwähnen, ansonsten empfehle ich ihre Bücher! (siehe Literaturverzeichnis)

Pflege:
Jedes Kind hat fixe Betreuungspersonen, zu denen eine stabile Beziehung aufgebaut werden kann. Die jeweilige Betreuungsperson nimmt sich für jedes Kind ausreichend Zeit, und zwar bei der Pflege (Wickeln, Füttern, Baden...). In diesen Pflegesituationen

geht die Betreuungsperson voll und ganz auf das Kind ein, es erhält ungeteilte Aufmerksamkeit, und seine Bedürfnisse und Wünsche werden berücksichtigt: So darf das Kind zum Beispiel beim Wickeln aufstehen, damit es mehr sieht; es darf zwischen zwei Kleidungsstücken das wählen, das ihm besser gefällt; es wird ihm erklärt, was man machen wird und auf seine Bereitschaft gewartet („Ich werde dir jetzt die Hand abtrocknen" – das Kind signalisiert durch ganz kleine Veränderungen in der Mimik, in der Körperhaltung, dass es verstanden hat, oder es streckt sogar schon seine Hand her). Das Wickeln im Stehen ermöglicht eine von Pikler entwickelte Wickelkommode mit einem Gitter an drei Seiten, an dem sich das Kind festhalten kann, das aber auch gleichzeitig Grenze ist, sodass es nicht weglaufen könnte.

Dieser respektvolle, achtsame und aufmerksame Umgang mit dem Kind erfüllt sein Bedürfnis nach Aufmerksamkeit und stärkt gleichzeitig sein Selbstbewusstsein – es wird ernst genommen, es hat die Möglichkeit, ein klitzekleines Stückchen seiner Welt mitzubestimmen. Die so mit Sicherheit und Liebe „gesättigten" Kinder können dann allein in aller Ruhe in ihrem Bereich spielen.

Selbständige Bewegungsentwicklung

Zum Spielen halten sich die Kinder in Bereichen auf, die durch Spielgitter abgetrennt sind. Es steht ihnen kein ganzer Raum zur Verfügung, aber sie haben viel, viel mehr Platz als in herkömmlichen Laufställchen.

Hier dürfen sie nach Lust und Laune spielen; die Dinge, die sie vorfinden, sind einfach, es gibt keine komplizierten Spielsachen. Es sind eher Haushaltsgegenstände (Schüsseln, Becher, Eimerchen, Körbe, auch Tücher, Bälle, einfache Bauklötzchen..) Die Kinder können die Welt um sie herum „begreifen", sie können alles über Farben, Formen, Größenverhältnisse, verschiedene Strukturen etc. lernen (hat man zum Beispiel einmal erfasst, dass viele kleine Dinge in eine große Schüssel passen, aber nicht umgekehrt, so hat man einiges über das Volumen gelernt!).

Die Kinder finden auch Kisten zum Hinein- bzw. Podeste zum Hinaufkrabbeln, kleine Leiterchen zum Hinaufsteigen, im Freien müssen sie Stiegen bewältigen – das Angebot für Bewegung ist also groß. Allerdings „müssen" die Kinder alles selbst erfahren, es gibt niemanden, der sie aufsetzt, bevor sie selber sitzen können, es wird ihnen nicht das Gehen „beigebracht", indem man sie stundenlang an den Händen herumführt, es wird ihnen auf kein Gerät geholfen, auf das sie nicht selbst hinaufkönnten. Dadurch bekommen die Kinder ein wunderbares Körpergefühl, sie lernen zu fallen, ohne sich grob zu verletzen, sie können aber vor allem ihre Fähigkeiten gut einschätzen: Sie wissen, was sie sich zutrauen können. Und sie sind zufrieden mit den Möglichkeiten, die sie haben. Ein Kind, das oft herumgeführt wird, obwohl es noch nicht gehen kann, ist unzufrieden, wenn es nicht geführt wird; es möchte von sich aus nicht mehr auf den Boden zurück zum Krabbeln. Man muss es immer öfter führen, was nicht nur dem Kind nicht gut tut (unter anderem Überlastung der Wirbelsäule), sondern auch für die Eltern ganz schön anstrengend ist! Ein Kind, das gewohnt ist, die Dinge aus eigener Kraft zu schaffen, hat Erfolgserlebnisse, wenn es etwas Neues gelernt hat, und es wird unabhängig von der Hilfe der Erwachsenen ständig versuchen, seine Fähigkeiten zu verbessern!

LITERATURVERZEICHNIS

Aus folgenden Büchern wurde zitiert:

Zur Montessoripädagogik:

Von Maria Montessori:

> Grundlagen meiner Pädagogik, Quelle & Meyer Verlag, Wiesbaden 1996
> Das kreative Kind, Herder Verlag, Freiburg im Breisgau 1972
> Kinder sind anders, Verlag Klett – Cotta, Stuttgart 1988

Helming Helene: Montessori – Pädagogik, Herder Verlag, Freiburg im Breisgau 1977

Weiters aus folgenden Büchern:

Pearce, Joseph Chilton: Der nächste Schritt der Menschheit. Die Entfaltung des menschlichen Potentials aus neurobiologischer Sicht. Arbor Verlag, Freiamt 1994

Vester, Frederic: Denken, Lernen, Vergessen, dtv Sachbuch, München 1992

Hannaford, Carla: Bewegung, das Tor zum Lernen. VAK Verlag , Freiburg 1996

Koneberg Ludwig, Förder Gabriele: Kinesiologie für Kinder, Gräfe und Unze Verlag, München 2000

Tomatis Alfred: Das Ohr und das Leben. Erforschung der seelischen Klangwelt. Walther Verlag, Solothurn/Düsseldorf, 1995

Darüber hinaus sind folgende Bücher interessant:

Zum Thema Gehirn:

Herschkowitz, Norbert: Das vernetzte Gehirn. Seine lebenslange Entwicklung. Verlag Hans Huber, Bern 2001

Spitzer, Manfred: Lernen - Gehirnforschung und die Schule des Lebens, Spektrum Akademischer Verlag, Heidelberg, Berlin 2003

Hüther, Gerald, Gebauer, Karl: Kinder brauchen Wurzeln
     Kinder brauchen Orientierung
     Kinder brauchen Spielräume
     Alle erschienen im Walter Verlag
(Der Neurobiologe Hüther setzt sich mit den neurobiologischen Voraussetzungen für eine gesunde Entwicklung auseinander. Sehr interessante Bücher; es werden viele statistische Untersuchungen zitiert, daher weniger ein Erziehungsratgeber, sondern Hintergrundwissen für die, die mehr wissen wollen)

Zum Thema „Lernen" und „Lerntypen":
Markova, Dawna: Wie Kinder lernen, VAK – Verlag, Freiburg 1966

Empfehlenswerte Literatur zum Thema Kindererziehung:
Juul, Jesper: Das kompetente Kind, Rowohlt Taschenbuchverlag, Hamburg 2003 (ein „Grundlagenbuch" für das Leben mit Kindern)

Rogge, Jan – Uwe: Kinder brauchen Grenzen, Bechtermünz 2000 (ermutigt Eltern, Grenzen zu setzen und dabei auch Fehler machen zu dürfen)

Wild, Rebeca: Erziehung zum Sein, Arbor Verlag (ein „Klassiker"! Grundlagen eines respektvollen Umgangs mit Kindern)
Sein zum Erziehen, Arbor Verlag (beschäftigt sich vor allem mit den Voraussetzungen, die man als Erwachsener für ein respektvolles Miteinander braucht)

Lienhart, Valentin: Mit Kindern neue Wege gehen, rororo 2000 (gibt u.a. einen Überblick über die Arbeit Emmi Piklers, Rebeca Wilds und Maria Montessoris; mit Hilfe der vorgeschlagenen Übungen kann man sein Verhalten reflektieren und mit der Zeit auch verändern. Ein guter Einstieg, wenn man auf der Suche nach einer „anderen" Art der Erziehung ist!)

Elkind, David: Wenn Eltern zuviel fordern. Hoffmann und Campe 1989 (Untertitel: Die Rettung der Kindheit vor leistungsorientierter Früherziehung)

Gerber, Magda: Ein guter Start ins Leben, Mit Kindern wachsen Verlag 2002 (das Leben mit einem Baby im Sinne Emmi Piklers meistern)

Truchis, Chantal: Wie ihr Baby Vertrauen gewinnt – zu sich selbst und in die Welt, Herder Verlag, Freiburg im Breisgau 1997 (ebenfalls Hilfen für das Leben mit Babys, setzt auch das Konzept Emmi Piklers um)

Zur Pädagogik Emmi Piklers:
Lasst mir Zeit. Die selbständige Bewegungsentwicklung des Kindes bis zum freien Gehen. Verlag Pflaum, München 2001

Miteinander vertraut werden. Erfahrungen und Gedanken zur Pflege von Säuglingen und Kleinkindern. Arbor Verlag, Freiamt 1994

Friedliche Babys – zufriedene Mütter. Pädagogische Ratschläge einer Kinderärztin. Herder Spektrum, Freiburg im Breisgau 1982

Kataloge:
Jako – o, Albert – Loacker – Straße 8, A - 6960 Wolfurt, www.jako-o.at, Tel. Nr. 00800/22448800 (Hier finden Sie den erwähnten Kletterturm)

Purpur, Hessenring 84, D - 61348 Bad Homburg, www.purpurshop.de, Tel. Nr. 0180/500 09 80 (hier und bei Kidoh gibt es die praktischen Luftballonhüllen)

Kidoh, Spielen & Lernen, Robinigstraße 13, A - 5020 Salzburg, www.kidoh.at, Tel. Nr. 0662/8070 870

Martin Plackner, Werkstatt für Spiel und Pädagogik, Alkersdorf 21, A - 4880 St. Georgen im Attergau, Tel. Nr. 07667/8662, e – mail: plackner-st.georgen@netway.at (hier gibt es Montessori – und Pikler – Materialien)

Einfaches Salzteigrezept:

200 g Mehl
200 g Salz
125 ml (1/8 l) Wasser
1 Esslöffel Öl (für mehr Geschmeidigkeit)

Alles in der Küchenmaschine verkneten (oder von den Kindern kneten lassen!), eventuell ein paar Tropfen Lebensmittelfarbe dazu, in einem gut schließenden Behälter aufbewahren. Fertig!

Besonders gut zum Lufttrocknen: Mehl, Salz, Wasser wie oben, dazu dann 2 Esslöffel fertig angerührten Tapetenkleister mischen.